ALI-BABA

ou

LES QUARANTE VOLEURS,

MÉLODRAME EN TROIS ACTES A SPECTACLE,

TIRÉ DES MILLE ET UNE NUITS,

Par R. C. GUILBERT DE PIXERÉCOURT,

RÉPRÉSENTÉ POUR LA PREMIERE FOIS A PARIS, SUR LE
THÉATRE DE LA GAITÉ, LE 24 SEPTEMBRE 1822.

MUSIQUE DE M. ALEXANDRE,
DÉCORS DE M. GUÉ.
BALLETS DE M. LEFÈVRE,

PARIS,

Chez POLLET, LIBRAIRE-ÉDITEUR DE PIÈCES DE THEATRE,
RUE DU TEMPLE, N° 36, VIS-A-VIS CELLE CHAPON.

1822.

PERSONNAGES. ACTEURS.

ALI-BABA, bûcheron, pauvre et simple. M. *Mercier.*

SAADI, son neveu.................... M. *Dumesnis.*

MASSOUR , Capitaine de voleurs...... M. *Parent.*

NOURMAHAL, Lieutenant de Massour. M. *Francisque.*

HIRZAGAR. ⎫ M. *Plançon.*
           ⎬ Voleurs.
OURKAN.   ⎭ M. *Joseph.*

MORGIANE, sœur d'Ali-baba. .... Mlle *Bourgeois.*

ZUTULBÉ , esclave d'Ali-baba....... Mme *Adolphe.*

Soldats.

Peuple.

Bayadères.

Esclaves.

Voleurs.

La scène est à Bagdad et dans une forêt voisine.

Vu au Ministère de l'Intérieur , conformément à la décision de Son Excellence , en date de ce jour.

Paris , 27 Août 1822.

Par ordre de Son Excellence , le Chef-Adjoint , chargé des théatres ,

COUPART.

Toutes les indications de *droite* et de *gauche* que l'on trouvera dans le cours de la pièce sont censées prises du parterre. Les personnages sont placés au théâtre comme en tête de chaque scène.

IMPRIMERIE DE HOCQUET.

ALI-BABA,

OU

OU LES QUARANTÈVOLEURS,

MÉLODRAME EN TROIS ACTES.

ACTE PREMIER.

Le théâtre représente une épaisse forêt. Vers la droite un amas de ruines couvertes de broussailles. A gauche, une fontaine.

SCÈNE PREMIÈRE

MASSOUR, NOURMAHAL, HIRZAGAR, Troupe de Voleurs.

Au lever du rideau, Massour est debout et paraît réfléchir. Hirzagar, près de lui, un genou en terre, écoute et regarde ce qui se passe dans un souterrain, dont l'entrée pratiquée dans les broussailles, est cachée par une grande pierre plate. Deux voleurs à droite, tiennent cette pierre debout, et sont prêts à la laisser tomber ; d'autres sont groupés autour du Capitaine, et paraissent attendre qu'il ait pris un parti.
UNE VOIX SOURDE, *dans l'intérieur du souterrain.*

Qu'ordonnes-tu, Capitaine ?

HIRZAGAR, *à Massour.*

Capitaine, qu'ordonnes-tu ?

MASSOUR.

La mort.

HIRZAGAR, *parlant dans le souterrain.*

La mort.

UNE VOIX, *dans le souterrain.*

Grâce!

PLUSIEURS VOIX.

La mort.

(*On entend un coup de feu en-dessous et de loin.*)

TOUS LES VOLEURS.

A la bonne heure !

MASSOUR.

Que le corps de ce téméraire soit attaché à l'entrée de la grotte, pour épouvanter quiconque aurait la hardiesse de risquer encore pareille entreprise.

NOURMAHAL, *à Hirzagar.* (*Son aspect est effrayant. Il tient un large cimeterre.*)

Tu l'as entendu? va, Hirzagar.

(*Hirzagar saute dans le trou, et disparaît entièrement.*)

MASSOUR.

Notre ennemi n'est plus; mais était-il seul? qu'en penses-tu, Nourmahal ?

NOURMAHAL.

C'est probable, Capitaine; seulement je regrette que nous n'ayons pu savoir de lui comment il a découvert ce souterrain. A-t-il dû cette connaissance au hasard?..

MASSOUR.

Ou serait-ce la trahison ?

NOURMAHAL.

Je ne le pense pas, Capitaine. Je n'ose m'arrêter à l'idée de croire un de nos camarades capable de manquer à l'honneur et aux terribles sermens qui nous engagent.

MASSOUR.

Dans le doute, il convient de prendre toutes les précautions qui peuvent assurer notre secret. La diminution de ce trésor que nous avons amassé avec tant de peines et de fatigues, prouve que ce misérable lui avait déjà fait plus d'une visite. En vain a-t-il soutenu le contraire : sa constante dénégation, ses sermens ne m'en imposent pas. S'il a un complice, songez, amis, qu'il y va de nos richesses et de notre vie. Il faut donc, à tout prix, le connaître et l'exterminer.

TOUS LES VOLEURS.

Le Capitaine a raison.

MASSOUR.

D'ici à quelques jours, nous suspendrons nos courses dans le désert. Sous divers déguisemens, nous roderons autour de cette forêt, et sans doute le Prophète permettra que nous découvrions ceux qui seraient tentés de nous nuire; comme nous avons découvert et surpris celui-ci. Lorsque nous l'avons vu s'avancer tranquillement vers la forêt et y pénétrer avec ses deux mules, que sans doute il comptait charger d'or, il était loin de penser que quarante argus avaient les yeux ouverts sur lui, et que chaque pas qu'il faisait le menait à la mort.

HIRZAGAR, *reparaissant, et ne montrant que la moitié du corps.*

Capitaine, tes ordres sont exécutés.

MASSOUR.

Partons.

(*Mouvement général. Chacun se dispose au départ.*)
Que l'on remette tout en place.

(*Les voleurs qui étaient dans le souterrain en sortent. On laisse tomber la pierre qui le ferme, et on la couvre d'épines.*)

HIRZAGAR.

Quand tu voudras, Capitaine.

MASSOUR.

Je connais votre bravoure, et ne la mettrai point à l'épreuve d'ici à quelque temps. Ce que je vous demande pour le salut commun, c'est de la vigilance, de l'adresse, et vous n'en manquez pas. Que plusieurs d'entre vous se rendent à Bagdad. Peut-être la disparition de cet homme y produira quelque bruit. Soyez à la piste, écoutez, recueillez tout, et venez aussitôt me faire part de ce que vous jugerez propre à m'éclairer.

TOUS.

Suffit, Capitaine.

(*Ils sortent par le fond à gauche.*)

SCÈNE II.

ZUTULBÉ.

(*On entend chanter de loin, mais sur le devant à droite.*)

Air : *A l'espérance* (du Pavillon des Fleurs.)

VIRELAI.

Au clair de lune,
Me disait Osmin, l'autre soir,
Viens me trouver, gentille brune,
Un tendre couple aime à se voir
Au clair de lune.

Oui-da, M. Osmin ? Sans doute, poursuivit-il :

Le clair de lune
Est propice aux amans discrets :
Souvent l'amour et la fortune
Ont dû leurs plus brillans succès
Au clair de lune.

C'est très-bien ; je veux croire toutes ces belles choses ; mais j'aime beaucoup le grand jour, moi. Ainsi,

Au clair de lune ,
Tu ne me verras pas , mon cher ;
Je veux conserver ma. . . fortune.
Retrouve-t-on tout ce qu'on perd
Au clair de lune ?

Voilà les provisions que mon maître m'a chargée de
lui porter dans la forêt, près de la fontaine ; c'est bien
ici. Par exemple, je ne devine pas pour quelle raison il
m'a ordonné d'y joindre ce flacon de vin de Schiras,
que j'ai bien payé cinquante paras. Cette fantaisie me
semble un peu chère pour un pauvre bûcheron. Depuis
trente lunes que je suis esclave d'Ali-baba, c'est la
première infraction qu'il se permet à la loi du Prophète,
du moins, à ma connaissance. (*Avec un soupir.*) Ah ! du
fruit défendu ! c'est ça. Comme c'est, à mon avis , la
meilleure chose de ce monde, je ne vois pas pourquoi les
hommes ne l'aimeraient pas autant que nous.

SCENE III.

ZUTULBÉ , SAADI.

SAADI , *qui est entré à la fin de la scène, et s'est approché
doucement de Zutulbé.*

Ah ! tu aimes le fruit défendu ?

ZUTULBÉ.

Beaucoup.

SAADI.

Qu'est-ce que cela ?

ZUTULBÉ.

Ce qui n'est pas permis.

SAADI.

C'est-il bon ?

ZUTULBÉ.

Délicieux. Demande à toutes les femmes.

SAADI.

Non; je ne veux le demander qu'à toi.

ZUTULBÉ.

Il n'est pas certain que je veuille te répondre.

SAADI.

Je t'en prie, Zutulbé, réponds-moi ; seulement àune question.

ZUTULBÉ, *à part.*

Cela ne peut pas se refuser. (*Haut.*) Allons, vîte.

SAADI.

Comment se fait-il que ce qui est délicieux ne soit pas permis ? il me semble que c'est une injustice de la part du Prophète, puisqu'il a promis de nous rendre heureux.

ZUTULBÉ, *à part.*

Voilà, pour un ingenu, une question assez fine, et qui m'embarrasse.

SAADI.

Eh bien ?

ZUTULBÉ.

C'est au contraire un moyen ingénieux employé par le Prophète, pour nous donner ici bas un avant-goût des délices de son paradis.

SAADI.

Je ne comprends pas bien cela, et je crois même que tu me trompes.

ZUTULBÉ.

Non : foi de Zutulbé...à moins que je ne sois moi-même dans l'erreur.

SAADI.

Tu me trompes, et je vais t'en donner la preuve. Mon oncle me défend de t'aimer, et cela me chagrine beaucoup. Te voir tous les jours, à tout moment, et ne pouvoir te dire que je t'aime, c'est un tourment insupportable. Certes, malgré tout mon respect pour le Prophète, je ne vois rien là de délicieux pour le pauvre Saadi.

ZUTULBÉ.

Peut-être tu cesserais de m'aimer, si on te le permettait.

SAADI, *vivement.*

Oh ! je suis sûr du contraire.

ZUTULBÉ, *à part.*

Pauvre garçon ! sa naïveté me touche, mais je ne dois pas permettre... (*Haut.*) Saadi ?

SAADI.

Zutulbé ?

ZUTULBÉ.

Ce que je vais vous dire est très-sérieux.

SAADI.

Tant pis, la gaité te sied bien !

ZUTULBÉ.

Je vous défends de m'aimer.

SAADI.

Je ne t'obéirai pas.

ZUTULBÉ.

De me le dire.

SAADI.

Je te le dirai chaque fois que j'en trouverai l'occasion.

ZUTULBÉ.

De m'accompagner...

SAADI.

Je te suivrai partout. (*Il lui prend la main.*)

ZUTULBÉ.

De me serrer la main...

SAADI.

Elle est si blanche et si douce ! (*Il la baise.*)

ZUTULBE, *retirant sa main.*)

Et surtout de vous permettre avec moi des libertés que rien n'autorise, entendez-vous, Saadi ? Je vous le défends.

SAADI.

Tu me le défends ? bien vrai ?

ZUTULBÉ.

Très-vrai.

SAADI, *à part.*

Il faut que je sache si elle m'a trompé. (*Il lui dérobe un baiser, et paraît ivre de bonheur.*) Ah! Zutulbé, le Prophète a raison. Je ne connais rien de plus délicieux que le fruit défendu. Encore... (*Il veut l'embrasser ; elle lui échappe.*)

ZUTULBÉ.

Finissez, Saadi.

SCÈNE IV.

ZUTULBÉ, ALI-BABA, SAADI.

ALI-BABA.

Saadi !... que fait-il ici? réponds... Qui t'a permi de venir dans la forêt?

SAADI.

Mon oncle...

ALI-BABA.

Ne t'ai-je pas défendu de suivre Zutulbé?

SAADI, *à part.*

C'est, je crois, pour cela que je l'ai suivie.

ALI-BABA, *à Zutulbé.*

Et toi, si tu ne l'encourageais pas...

ZUTULBÉ.

Bien au contraire, notre maître. (*A part.*) Que serait-ce donc sje l'encourageais?

ALI-BABA.

Retournez à la maison, mais par des chemins différens (*A Zutulbé.*) Toi, pour préparer du pilau, et mettre tout en ordre; va.

ZUTULBE.

Oui, notre maître. (*Elle fait mine de s'éloigner par le fond, à droite, et revient se cacher derrière la fontaine.*

ALI-BABA, *à Saadi.*

Toi, par-là. (*Il montre la gauche.*) J'ai attaché notre âne sous le gros cèdre, près la cabane du vieux derviche, tu sais...

SAADI.

Oui, mon oncle.

ALI-BABA.

Tu iras emprunter celui de mon frère Cassim, en lui disant que je suis venu faire du bois dans la forêt, et tu me l'amèneras à la même place.

SAADI.

Puisque j'aurai fait les trois quarts du chemin, il ne m'en coûtera pas davantage de les conduire tous deux jusqu'ici.

ALI-BABA.

C'est inutile.

SAADI.

Cela vous évitera la peine de les venir chercher à la cabane du derviche.

ALI-BABA.

Et si je veux la prendre cette peine!... Obéis, sans plus de raisons.

SAADI.

Ecoutez donc, mon oncle, ce que j'en disais, c'était pour vous obliger. Si vous ne le voulez pas, vous êtes le maître.

ALI-BABA.

Mais, j'espère bien que je suis le maître.... Vîte, en route. Songe à être de retour dans deux heures, au plus tard.

SAADI, *s'en allant.*

Oui, mon oncle.

SCÈNE V.

ZUTULBÉ, ALI-BABA.

ALI-BABA.

Il ne me faudra pas plus d'une heure pour emplir mes
sacs, et les recouvrir avec ce morceau d'étoffe, puis avec
de petites branches en manière de fagots.

ZUTULBÉ, *revenant en tapinois.*

Notre maître.

ALI-BABA.

Encore toi? Qu'est-ce que tu veux?

ZUTULBÉ.

Cela se devine, notre maître. Ta petite esclave est jeune;
elle est femme...

ALI-BABA.

Et curieuse, n'est-ce pas?

ZUTULBÉ.

Un peu.

ALI-BABA.

Elle voudrait savoir ce que je vais faire ici, seul, pendant une heure?

ZUTULBÉ.

C'est cela.

ALI-BABA.

Je ramasserai du bois mort.

ZUTULBÉ.

Mais, si ta petite esclave t'aidait, la charge serait plutôt
prête.

ALI-BABA.

Je te remercie.

ZUTULBÉ.

Si elle chantait pendant que son maître travaillera, la

besogne lui semblerait moins pénible, et le temps moins long.

ALI-BABA.

Je te remercie. Retourne à la maison, et fais ce que je t'ai ordonné.

ZUTULBÉ.

Oui, notre maître. (*Fausse sortie.*)

ALI-BABA.

M'en voilà débarrassé.

ZUTULBÉ, *revenant derrière Ali-baba.*

Pardon, notre maître, encore une réflexion.

ALI-BABA.

Je t'en dispense.

ZUTULBÉ.

Elle est indispensable.

ALI-BABA.

Voyons donc.

ZUTULBÉ.

Tu défends à Saadi de se trouver seul avec moi, et tu nous renvoies tous deux au logis?

ALI-BABA.

Elle a raison. Je n'avais pas songé...

ZUTULBÉ, *à part.*

Bon! je resterai.

ALI—BABA.

Va-t-en. Tu m'attendras à la cabane du derviche, jusqu'au retour de Saadi. Je m'y trouverai pour lui donner une destination : il est essentiel qu'il ne soit point à la maison quand j'y reviendrai.

ZUTULBÉ.

Essentiel! (*A part.*) Encore un secret! (*Haut.*) Pourquoi donc, notre maître?

ALI-BABA.

Pour la dernière fois, va-t-en, et me laisse en repos.

ZUTULBE.

J'obéis. (*A part.*) Plus tard, j'en saurai davantage.

(*Elle s'éloigne en chantant:*

Au clair de lune, etc.

SCÈNE VI.

ALI-BABA.

Cette petite Zutulbé est active, intelligente, fidèle, mais d'une curiosité qui m'effraye. Mon secret n'est pas de de ceux que l'on peut confier légèrement, et je me suis bien promis de ne le faire connaître à personne : il y va de ma vie. (*Il vient s'asseoir près de la fontaine.*) Où nous conduit la soif des richesses? Misérable bûcheron, avant qu'un hasard merveilleux m'eût fait connaître ce trésor, je n'avais jamais possédé deux sequins à la fois. Le Prophète me met en possession de richesses immenses. Déjà j'ai enlevé et porté dans mon chétif manoir, quatre gros sacs pleins d'or; ma fortune est assurée, et je n'ai pu résister au desir d'y ajouter encore; mais, je le jure, ce voyage sera le dernier. S'il est aussi heureux que les deux autres, je me hâte de quitter Bagdad, où je ne pourrais jouir de cette fortune miraculeusement acquise, sans éveiller les soupçons, sans exciter l'envie. Je vais m'établir à Bassora, j'y prends un autre nom; je marie Saadi à la fille de quelque riche émir, et je récompense les services de Zutulbé en la prenant pour ma compagne, mon unique compagne. Oui, c'est un point résolu. Bien persuadé que le paradis, sur cette terre, est dans la possession exclusive d'une femme que l'on aime, et dont on est aimé, je ne tomberai pas dans l'erreur commune aux riches musulmans; je n'aurai point de harem. Non, rien qu'une seule femme.

Si elle est bonne, elle suffira à mon bonheur; si elle est méchante, c'est dix fois plus qu'il ne faut pour me faire enrager. Pendant que je suis seul... (*Il va vers le souterrain, parait hésiter et revient à la fontaine. Il découvre le panier, et y prend un flacon.*) Ce flacon parviendra, je l'espère, à dissiper la terreur involontaire qui me saisit au moment d'entrer dans ce soterrain. Pardonne, Mahomet! je t'offense. (*Il boit.*) Je crois que le courage me vient..... profitons-en bien vìte. (*Il regarde.*) Personne! (*Il se couche par terre et écoute.*) Pas le moindre bruit... Allons! à l'ouvrage. (*Il ôte les épines qui couvrent la pierre et se dispose à la lever.*) Paix!... j'ai cru entendre... oui, on marche... (*Il remet les épines, et va au fond.*) Je ne me trompe pas... c'est Morgiane, ma sœur... Que me veut-elle? qui la conduit ici?... comme elle parait agitée!

SCÈNE VII.

ALI-BABA, MORGIANE.

MORGIANE.

Ah! mon frère, vous me voyez dans une inquiétude affreuse!

ALI-BABA.

Qui peut la causer?

MORGIANE.

La suite d'une méchante action.

ALI-BABA.

D'une méchante action?

MORGIANE.

Que j'ai dirigée contre vous, et dont le Prophète me punit bien cruellement.

ALI-BABA.

Contre moi ? expliquez-vous mieux.

MORGIANE.

Vous vintes , il y a deux jours , m'emprunter une mesure .

ALI-BABA , *avec embarras.*

Oui , j'en avais besoin pour mesurer....

MORGIANE.

De l'or.

ALI-BABA.

De l'or ! ma sœur, y pensez-vous ?

MORGIANE.

Oui , oui... je sais tout ; et plût au ciel que je l'eusse ignoré toujours ! Connaissant votre misère, j'eus la fatale curiosité de savoir quelle espèce de grains vous possédiez en abondance. Pour m'en instruire , j'appliquai adroitement un peu de cire sous la mesure avant de vous la prêter. Au bout d'une demi-heure , vous la rapportâtes , et je me hâtai de vous quitter. Quelle fut ma surprise, lorsqu'en , la retournant, j'y vis une pièce d'or attachée.

ALI-BABA.

Imprudent!

MORGIANE.

Eh! quoi , Ali-baba possède de l'or en si grande quantité ; où l'a-t-il pris ? voyez, dis-je à mon mari : vous croyez être riche ? Ali-baba l'est infiniment plus que nous. Il ne compte pas son or comme vous ; il le mesure...Cassim me demanda l'explication de cette énigme ; je lui racontai ce qui venait de se passer. Vous l'avouerai-je , mon frère ? notre jalousie fut extrême. Nous conçumes un chagrin mortel en songeant que sans doute, vous aviez découvert un trésor, que vous pouviez nous éclipser. Nous avions été si injustes et si durs envers vous, que nous redoutâmes de vous voir agir de même à notre égard.

ALI-BABA.

Que vous me connaissez mal !

MORGIANE.

Par suite de cette basse jalousie, nous résolumes d'épier toutes vos démarches, et de pénétrer votre secret à quelque prix que ce fût. Hier soir, vous vîntes à la forêt; Cassim vous suivit sans être aperçu. Couché dans les broussailles, il vous vit soulever une pierre, descendre dans un souterrain, et en rapporter deux sacs, probablement pleins d'or, car vous les cachâtes soigneusement dans des fagots, avec lesquels vous revîntes à la ville.

ALI-BABA.

Il est vrai, ma sœur; j'ai découvert un trésor immense, et qui ferait aisément la fortune de cent familles comme la nôtre. Avant-hier matin, après avoir ramassé ce qu'il me fallait pour la charge de mon âne, je m'étais assis sur cette ruine et tout en mangeant mon pilau, je m'amusais à comp_ ter le peu d'argent qui était renfermé dans ma bourse. Je laissai tomber quelques paras dans ces broussailles. Pour es ravoir, il me fallut dégager les pierres qui les couvraient. Jugez de ma surprise quand j'aperçus un anneau de fer scellé dans une large dalle! j'essayai de la soulever, j'y par_ vin s non sans effort. Elle cachait un escalier; j'osai descendre et ne tardai point à me trouver dans un souterrain spacieux qui reçoit la lumière par une ouverture étroite pratiquée sans doute dans une de ces colonnes. J'y vis entassés des ballots de marchandises de toute espèce; des étoffes de soie et de brocard, des tapis magnifiques et surtout de grands vases remplis jusqu'au bord de pièces d'or et d'argent presque toutes noircies par le temps ou l'humidité. Comme vous devez le penser, je ne pus résister à la tentation d'en remplir deux sacs que je rapportai au logis. Hier soir j'y revins...

MORGIANE..

Pour notre malheur. Cassim ne dormit pas de la nuit. Au

Alibaba.   2

point du jour, il se mit en route avec deux mules chargées de grands coffres qu'il se proposait de remplir à plusieurs reprises, jusqu'à ce que le trésor fut épuisé. Voilà plus de douze heures qu'il est absent, je tremble qu'il ne lui soit arrivé quelque malheur, et je suis d'autant plus fondée à le craindre, que les mules sont revenues seules au logis.

ALI-BABA.

En effet, ceci me semble d'un fâcheux augure. Ah! ma sœur, au lieu de vous livrer à un sentiment blâmable, pourquoi ne m'avoir pas exprimé franchement vos doutes? vous m'auriez sans peine arraché mon secret, et mon bonheur se serait augmenté du vôtre. Fasse le Prophète qu'il ne soit pas trop tard!

MORGIANE.

Je ne mérite pas tant de bonté. Mais hélas! qu'est devenu Cassim?

ALI-BABA.

Visitons ce souterrain. Peut-être la pierre mal affermie sera retombée sans qu'il le veuille, et aura fermé l'entrée derrière lui.

MORGIANE.

C'est mon dernier espoir!

ALI-BABA, *appelant près de l'ouverture.*

Cassim!... mon frère!... Je n'entends rien. Ouvrons. Veillez, ma sœur.

(*Alibaba soulève avec effort la pierre qui couvre l'entrée du souterrain, et y descend après l'avoir bien appuyée. Morgiane observe ce qui se passe autour d'eux. Bientôt on entend un cri étouffé; Alibaba remonte, pâle, et dans un état d'angoisse difficile à exprimer. Chancelant, il vient tomber devant la fontaine; Morgiane accourt près de lui.*)

MORGIANE.

Qu'est-ce, mon frère?

ALI-BABA.

Le malheureux !

MORGIANE.

Qu'avez-vous vu ?

ALI-BABA.

Un spectacle épouvantable !

MORGIANE.

Cassim ?...

ALI-BABA.

Il est là !.. mais dans quel état, grand dieu !

MORGIANE.

Je vais...

ALI-BARA.

Non, ma sœur, vous ne pourriez supporter cette horrible vue.

MORGIANE.

Il le faut. Je dois tout supporter en expiation de ma faute.

ALI-BABA.

Demeurez.

MORGIANE.

Non ; dussé-je mourir. Ah ! je ne saurais être trop punie !

ALI-BABA, *la retenant au bord du souterrain.*

N'allez pas plus loin.

MORGIANE *ne descend qu'un ou deux degrés, et voit de là le corps de son mari ; elle tombe assise à l'entrée.*

Pauvre Cassim ! c'est moi qui t'ai donné la mort !

ALI-BABA.

Ah ! ma sœur !

SCÈNE VIII.

MORGIANE, ALIBABA, ZUTULBÉ.

ZUTULBÉ, *accourant, et haletante.*

Notre maître !...

ALI-BABA, *en colère, et la repoussant pour l'empêcher de voir l'entrée du souterrain.*

Qui te rend si hardie, de venir m'interrompre malgré ma défense ? Je te chasserai de chez moi.

ZUTULBÉ.

Pardon, notre maître !

ALI-BABA.

C'est ta maudite curiosité...

ZUTULBÉ.

Écoutez-moi, notre maître, et vous verrez que je ne mérite pas votre courroux, bien au contraire. Je n'ai point trouvé le derviche à sa cabane, et j'ai vu roder aux environs, des hommes de très-mauvaise mine. J'ai eu peur, et suis revenue sur mes pas ; mais pour que du moins ces voleurs n'enlèvent pas notre âne, je l'ai détaché, et je vous l'amène.

MORGIANE.

Chère enfant ! c'est le Prophète qui t'a inspiré cette pensée ! Mon frère, ne me refusez pas la grâce que j'implore. Sans doute vous ne souffrirez pas que les restes de mon malheureux époux soient privés de sépulture. En les recouvrant de feuillages, nous pourrons facilement les transporter à Bagdad. Je vous en conjure, qu'il me soit permis d'aller chaque jour prier sur la tombe de l'infortuné Cassim, jusqu'à ce que la douleur, ayant détruit le principe de ma vie, 'aille enfin le rejoindre dans les champs de l'éternité !

ALI-BABA.

Je ne sais que répondre. La fin déplorable de Cassim prouve que ce trésor n'est point ignoré, comme je m'en étais flatté. Peut-être il appartient à l'une des bandes de voleurs qui infestent le désert ; dans ce cas, nous avons tout à redouter de leur vengeance.

MORGIANE.

Eh bien, partez. Laissez-moi seule ici. Ces brigands m'immoleront à leur ressentiment.... Heureuse de périr de la mort de Cassim, et de penser que mon trépas deviendra le gage de votre sûreté!

ALI-BABA.

Non, ma sœur, je ne commettrai pas cette insigne lâcheté; votre infortune efface tous vos torts à mes yeux. Vivez, je le veux, pour partager mon sort quelqu'il soit, pour trouver en moi un tendre frère, un consolateur, un ami ; c'est ainsi que je sais me venger d'une offense. (*AZutulbé qui est allée à l'entrée du souterrain et qui recule d'effroi.*) Plus tard, tu sauras tout ; maintenant, hâte-toi de cueillir quelques brassées de feuilles vertes.

ZUTULBÉ.

Oui, notre maître.

MORGIANE.

Oh! mon généreux frère! que vous me faites sentir noblement la bassesse de notre conduite !

ALI-BABA.

Un éternel silence et l'oubli du passé, voilà le seul prix que je mette à tout ce que je fais pour vous, la seule condition que je vous impose. Ne perdons pas un moment.

Il descend, appelle Zutulbé et tous deux ne tardent pas à remonter en portant le corps de Cassim couvert d'un grand morceau d'étoffe brune ; ils vont le déposer à droite, hors de la vue. Morgiane est à genoux à l'entrée de la ruine.

*Ali-Baba a laissé tomber son turban dans le souterrain ;
on le voit reparaître nue tête.*

SAADI, *de loin en dehors, à gauche.*

Mon oncle!

ALI-BABA.

Hâtons-nous, je crois entendre la voix de Saadi.

*Ali-baba et Zutulbé baissent la pierre et la recouvrent
d'épines. Dans le trouble et la précipitation de cette scène
Ali-baba est redescendu pour chercher son turban ; mais
il a pris celui de Cassim au lieu du sien.*

SAADI, *un peu plus près.*

Mon oncle, répondez-moi !

ALI-BABA.

Gardez-vous en bien... Eloignons-nous en silence.

ZUTULBÉ.

Par ce sentier, il est plus fréquenté, et conduit à la ville
plus directement. C'est le moyen d'éviter les rencontres fâ-
cheuses.

MORGIANE.

Elle a raison.

ZUTULBÉ.

Mais, notre maître, ce n'est pas là votre turban.

MORGIANE.

Hélas! c'est celui de mon malheureux époux !

ALI-BABA.

Je l'aurai changé par mégarde... mais qu'importe ? hâtons-nous de regagner la ville. O! Mahomet! protège-
nous!

Tous s'éloignent par le fond.

SCENE IX.

SAADI, *arrivant tout essoufflé par le fond à gauche.*

Je n'ai trouvé personne chez mon oncle Cassim, et je viens vous dire que notre âne n'est plus sous le gros cèdre. Je ne sais ce qu'il est devenu. Par ainsi, s'il vous faut des bêtes pour porter vos fagots, vous ne pouvez plus compter que sur moi ; voilà ce que je me suis chargé de vous dire. Tiens !... où est-il donc, mon oncle ? sans doute à quelques pas d'ici, il ramasse sa petite provision. (*très-haut*) N'en mettez pas trop pour moi, s'il vous plait, je ne suis pas fort fort. (*Il s'arrête devant la fontaine.*) Ouf ! j'ai soif... cela échauffe de courir. (*Il va boire à la fontaine, quand il aperçoit le panier et le flacon.*) Qu'est-ce que c'est que cela ? (*Il sent*) Je crois que c'est du vin... encore du fruit défendu !.. j'ai bien envie d'y goûter pour savoir s'il est aussi bon que celui que j'ai dérobé tantôt à Zutulbé. Personne ne me voit.., allons. (*Il boit*) Encore ! (*il boit*) Celui-ci a un avantage sur l'autre, c'est qu'on en peut prendre tant qu'on veut ; (*voyant le flacon vide*) c'est-à-dire tant qu'il y en a.

SCENE X.

NOURMAHAL, SAADI, HIRZAGAR.

NOURMAHAL, *arrivant à pas de loup, et venant à la droite de Saadi.*

Qu'est-ce que tu veux ?

SAADI, *effrayé, et tombant à la renverse sur le banc.*

Moi ? je ne vous veux rien du tout.

HIRZAGAR , *paraissant à gauche.*

Pourquoi donc as-tu appelé?

SAADI.

Moi, vous appeler!.. le Prophète sait si j'en a eu seulement la pensée. (*à part*) Appelez donc ces messieurs.

NOURMAHAL.

Que fais-tu ici ?

SAADI.

Je me repose. Il me semble que la forêt appartient à tout
le monde.

HIRZAGAR.

Lève-toi.

*Saadi effrayé, se lève, et obéit à tous les mouvemens que lui
font faire les deux voleurs.*

SAADI, *à part.*

Oh ! les vilaines figures?

NOURMAHAL.

Hirzagar, qu'en dis-tu? serait-ce lui qui...

SAADI.

Non, je vous assure que ce n'est pas moi qui...

HIRZAGAR.

Il paraît trop bête.

SAADI.

Sans me vanter, je le suis encore plus que je ne le pa-
rais.

HIRZAGAR,

Saurais-tu, par hasard?..

SAADI.

Non, je ne sais rien, absolument rien.

NOURMAHAL.

On dirait qu'il fait l'idiot exprès pour nous abuser.

SAADI.

Je vous jure que je ne le fais pas exprès.

HIRZAGAR.

Il serait à propos de l'enfermer dans le souterrain , jusqu'à l'arrivée de Massour. Qu'en dis-tu, Nourmahal?

SAADI, *n'étant plus retenu, cherche à gagner la droite, mais à chaque pas qu'il fait il découvre des voleurs, et dit, à part et à demi mort de frayeur :*

Divin Prophète! comme en voilà.

NOURMAHAL.

Bien! c'est une mesure de prudence qui ne peut qu'être approuvée par le Capitaine.

SAADI, *à part.*

Ils parlent du Capitaine! ah! mon dieu, je suis tombé dans une bande de voleurs.

Nourmahal a fait signe à ses camarades de lever la pierre, et il descend dans le souterrain; mais à peine a-t-il eu le temps d'arriver au bas des degrés, qu'on le voit reparaître et remonter avec beaucoup d'empressement; il porte le turban d'Ali-baba.

NOURMAHAL, *bas et vivement à Hirzagar.*

Ce misérable que nous avons puni...

HIRZAGAR.

Eh bien ?

NOURMAHAL.

On l'a enlevé.

HIRZAGAR, *en courroux.*

Est-il possible ?

TOUS *vont voir à l'entrée et s'écrient.*

Enlevé !

NOURMAHAL.

Je n'ai plus trouvé que cela.

Il jette le turban à terre devant Saadi.

SAADI.

Par exemple, y pensez-vous de rouler ainsi le turban de mon...

NOURMAHAL, *avec une vivacité qui ne permet pas à Saadi de finir.*

Hein? (*bas à Hirzagar*) Il le reconnait.

LES VOLEURS, *désignant Saadi.*

C'est lui.

SAADI.

Certainement, c'est lui.

HIRZAGAR.

A qui appartient ce turban?

NOURMAHAL.

Dis-le nous sur l'heure.

SAADI.

Pourquoi voulez-vous savoir cela? est-ce pour faire du mal au propriétaire? eh bien! je ne vous le dirai pas; je ne suis pas forcé de vous obéir.

NOURMAHAL, *le terrassant.*

Par la mort!

SAADI.

Divin Prophète! c'est fait de moi.

Tous les voleurs lèvent leur cimeterre sur Saadi.

SCENE XI.

SAADI, MASSOUR, NOURMAHAL, HIRZAGAR, Voleurs.

MASSOUR, *au fond, d'une voix terrible.*

Qu'est-ce? d'où vient le bruit que j'entends?

TOUS, *à voix basse et laissant retomber leurs armes.*

Massour!

HIRZAGAR *court au-devant du Capitaine, le conduit à l'entrée du souterrain, lui montre le turban que l'on y a trouvé, et paraît lui raconter tout ce qui vient de se passer; mais on n'entend que ces derniers mots:*

Je t'en fais juge.

MASSOUR, *à Hirzagar et à Nourmahal.*

Plus de doute. L'homme de tantôt n'était pas le seul qui connût notre secret. Il faut, à tout prix, découvrir ses complices; mais en effrayant celui-là, vous ne saurez rien. Laissez-moi faire.

SAADI, *tremblant et la face contre terre.*

Voilà ma dernière heure.

MASSOUR.

Que vous a fait ce jeune homme ? pourquoi le maltraiter ? lève-toi, mon ami. Ne crains rien, il ne te sera fait aucun mal. Je te prends sous ma protection.

SAADI.

C'est bien heureux pour moi. Grand merci ! que Mahomet vous récompense ! Ils m'ont fait une rude peur.

MASSOUR.

Éloignez-vous, votre présence l'intimide.

SAADI, *à part.*

C'est qu'ils n'ont pas l'air agréable du tout. Divin Prophète ! sont-ils laids !

MASSOUR.

Tu le vois, je t'ai sauvé la vie.

SAADI.

C'est vrai, cela, vous m'avez rendu là un fier service. Si jamais je puis faire quelque chose pour vous, vous verrez que vous n'avez pas obligé un ingrat.

MASSOUR.

Tu feras comme tant d'autres, tu l'oublieras.

SAADI.

Oh ! je fais serment du contraire. J'en jure par le Coran et par mes yeux ; on dit qu'il n'y a rien de plus sacré pour un musulman.

MASSOUR.

Je veux éprouver ta sincérité sur une bagatelle.

SAADI.

A vous permis ; demandez-moi tout ce que vous voudrez.

MASSOUR, *lui montrant le turban.*

Dis-moi en confidence à qui appartient ce turban ?

SAADI.

A mon oncle, il n'y a pas de mystère à cela. Je n'ai pas

voulu le leur dire à eux, parce qu'ils me l'ont demandé d'une façon trop brutale.

MASSOUR, *tenant Saadi à bras le corps.*

Tu as eu raison.

Les voleurs, grouppés derrière, écoutent. Nourmahal et Hirzagar qui se sont approchés du Capitaine, transmettent tout bas aux autres ce qui peut les intéresser dans les aveux de Saadi, qui mène Massour sur le banc près de la fontaine.

MASSOUR.

Comment se nomme ton oncle?

SAADI.

Lequel?

MASSOUR.

Comment, lequel?

SAADI.

Oui, j'en ai deux.

MASSOUR.

Celui à qui appartient ce turban?

SAADI.

Il se nomme Ali-baba. Nous demeurons près du vieux sérail.

MASSOUR.

Et que fait-il, ton oncle?

SAADI.

Des fagots, qu'il va vendre à la ville. Vous l'avez rencontré bien souvent, c'est sûr. Moi, je suis apprenti chez Moustapha, le tailleur qui demeure au coin de la rue des Kalenders.

MASSOUR.

Moustapha! je le connais. (*à part.*) Rue des Kalenders! je ne l'oublierai pas.

SAADI.

C'est chez lui que j'ai cousu hier ce turban, voilà ce qui fait que je l'ai reconnu tout de suite.

MASSOUR.

C'est tout simple.

SAADI.

Je vous engage à donner votre pratique à mon maitre. C'est un brave homme, habile dans sa profession ; il travaille vîte et bien; il ne prend juste que l'étoffe nécessaire, et jamais on n'a dit qu'il en eut gardé seulement un pouce à qui que ce fût. C'est à coup sûr un tailleur comme on n'en voit point. Ce n'est pas un voleur , lui!

MASSOUR.

Et toi, qu'es-tu venu faire dans la forêt?

SAADI.

Aider mon oncle à porter ses fagots; car, entre nous, je crois (*il baisse la voix*) que ces coquins-là nous ont volé notre âne.

MASSOUR.

Sois tranquille, je te le ferai rendre, et afin que tu n'aies aucun risque à courir de leur part, je vais te reconduire jusqu'aux portes de Bagdad.

SAADI.

Oh ! vous êtes bien bon! je crains que cela ne vous dérange.

MASSOUR.

Pas le moins du monde, j'aime à rendre service. (*bas à Hirzagar et Nourmahal.*) Je sais tout, demain nous ne les craindrons plus. Attendez-moi. (*haut*) Restez-là, vous autres; je vous défends de nous suivre.

SAADI.

C'est cela! les voilà bien attrapés.

Saadi prend Massour par la main et s'éloigne par le sentier à droite. Les voleurs menacent Saadi, et le suivent des yeux en étendant leurs cimeterres de son côté, et en manifestant le plus violent désir de se venger.

La toile tombe.

FIN DU PREMIER ACTE.

ACTE II.

Le Théâtre représente une cour commune à deux habi-
tations. Une petite porte au fond donne dans la
rue. Au premier plan, à droite, la façade demi-
oblique d'un bâtiment très-simple, habité par Ali-baba.
On y monte par un petit perron devant lequel est un
banc. L'intervalle de la maison, au fond, est occupé
par un jardin qui aboutit sur la rue, et laisse voir
les passans. A gauche, du premier plan au troisième,
la façade oblique d'une remise ou grange fermée par
une porte charretière. Ce bâtiment fait partie d'un
caravansérail, dont l'entrée principale est dans la rue.
Au fond une vue de Bagdad.

SCÈNE PREMIÈRE.

ZUTULBÉ, ALI-BABA.

ALI-BABA, *suivant Zutulbé qui descend le perron en tenant*
la pipe de son maître.

Je suis tenté de croire que tu as raison.

ZUTULBÉ.

Oui, oui, notre maître, suivez les conseils de votre
petite esclave; vous vous en trouverez bien. Asseyez-vous
sur ce banc, et fumez tranquillement votre pipe en causant avec les passans, comme vous avez coutume de le faire

tous les soirs. Il ne faut pas que l'on puisse remarquer du
changement dans vos habitudes ; cela déroutera les curieux.

ALI—BABA.

En effet.

ZUTULBÉ.

Gardez-vous bien , sur-tout , de parler à qui que ce soit
de la mort de Cassim.

ALI—BABA.

Tu crois?

ZUTULBÉ.

Cela éveillerait les soupçons, et vous avez grand intérêt
à les éloigner. Si ce trésor appartient , en effet , à des
voleurs , ils vont tout mettre en usage pour découvrir celui
qui possède leur secret.

ALI—BABA.

Je le sens bien.

ZUTULBÉ.

Et ils lui feront un mauvais parti.

ALI—BABA.

Cela n'est pas douteux.

ZUTULBÉ.

La prudence exige que vous supposiez votre beau-frère
malade pendant une quinzaine de jours. Puis, il sera parti
pour Bassora par ordre du médecin ; et , enfin , dans quelques mois seulement , nous annoncerons sa mort.

ALI—BABA.

Dans quelques mois?... Oui , tout cela me semble fort
bien imaginé.

ZUTULBÉ.

Je vais chez Morgiane pour lui communiquer ce plan.
Il est à craindre que, dans les premiers élans de sa douleur,
elle ne commette quelque imprudence qui mettrait vos
jours en péril, et je veux vous en préserver, s'il est
possible.

ALI-BABA.

Ta bonté me touche autant que ton intelligence me surprend. Va, ma petite Zutulbé, si je sors de cette crise sain et sauf, je te destine une récompense dont tu seras flattée.

ZUTULBÉ.

Jusqu'à présent, votre petite esclave vous avait plu pour sa gaité seulement ; mais elle se trouvera bien heureuse aujourd'hui, si les inspirations de son cœur, encore plus que son esprit, la mettent à même de vous rendre quelque service important, auquel, cependant, elle n'attachera jamais d'autre prix que votre amitié.

ALI-BABA.

Ta liberté d'abord, mon enfant, et puis de jolies petites chaînes... suffit... je ne t'en dis pas davantage.

(*Il lui frappe doucement la joue.*)

ZUTULBÉ *revient sur ses pas.*

Soyez bien prudent, notre maître.

ALI-BABA.

Ne crains rien.

ZUTULBÉ.

C'est que je vous connais ; vous êtes naturellement bon, confiant... facile à abuser.

ALI-BABA.

Ne crains rien, te dis-je ; je suis sur mes gardes.

SCÈNE II.

SAADI, ALI-BABA.

ALI-BABA *vient s'asseoir sur le banc et fume.*)

Je suis facile à abuser, dit-elle.... Pas si facile...

ALI-BABA, *à Saadi qui entre tout essoufflé.*

D'où viens-tu, je te prie ?

SAADI.

Je viens de la forêt, mon oncle. Il m'est arrivé de fières choses. Allez ! il faut que j'en aie vu plus de deux cents.

ALI-BABA.

Deux cents quoi ?

SAADI.

Voleurs, mon oncle.

ALI-BABA.

Deux cents voleurs !

SAADI.

Pour le moins.

ALI-BABA.

Allons ? allons, la peur te fait déraisonner.

SAADI.

Je veux bien que j'aie eu peur. Je tiens de vous, mon oncle ; mais cela n'empêche pas de voir clair. C'est vrai que je ne les ai pas comptés ; il y en avait trop. Ce qu'il y a de sûr, c'est qu'ils ont failli à m'étrangler, me pourfendre. C'est bien heureux que me voilà tout entier, allez ! J'ai vu le moment où il me faudrait revenir sans bras ni jambes, et peut-être bien sans ma tête.

ALI-BABA.

Imbécille !

SAADI.

C'est bientôt dit. Sans un brave homme qui s'est trouvé là tout à point, c'était fait du pauvre Saadi, vous n'aviez plus de neveu. Il m'a pris sous sa protection ; il a dit comme ça, en tirant son grand sabre : Je vous défends de faire le moindre mal à ce jeune homme ; puis il m'a pris

Alibaba.   5

par-dessous le bras, et nous sommes revenus jusqu'à la ville, comme une paire d'amis.

ALI-BABA.

Quel conte me fais-tu là ?

SAADI.

Un conte ! (*Avec un air solemnellement comique.*) J'en jure par le Prophète, mon oncle ! j'ai dit la vérité, toute la vérité, rien que la vérité.

ALI-BABA.

Et dans quelle partie de la forêt les as-tu rencontrés ?

SAADI.

Tout près de la fontaine.

ALI-BABA, *à part.*

Nul doute ; ce sont les propriétaires du trésor.

SAADI.

A l'endroit où vous ramassiez ce matin du bois mort ; mais je vous conseille de n'y pas retourner, à moins que vous ne vouliez ressembler à votre bois.

ALI-BABA, *à part.*

Non, certes, je n'y retournerai pas.

SAADI.

Et la preuve que je vous dis vrai, c'est que j'ai reconnu votre turban qu'ils ont trouvé dans une cave.

ALI-BABA, *à part.*

Je ne forme plus qu'un vœu maintenant, c'est d'échapper aux recherches que ces misérables ne manqueront pas de faire dans la ville et aux environs.

SAADI.

Qu'est-ce que vous avez donc, mon oncle ? vous voilà

tout pensif !Bab ! bah ! c'est fini.. par bonheur.(*On entend
en dehors, à droite, le son d'un clavicorde.*) La jolie
musique ! Je veux savoir... (*Il court à la porte du fond.
Le peuple s'amasse dans la rue.*)

Mon oncle ! mon oncle ! c'est des Gyptiens ! des diseurs
de bonne aventure ! il faut que je les appèle ; cela nous
amusera. Ohé ! ohé ! vous autres !

ALI-BABA.

Qui est-ce qui te prie de faire venir ces gens-là ? je
n'ai pas besoin d'eux ; de quoi te mêles-tu ?

SAADI, *il retourne au fond et crie :*

Non, non , mon oncle ne veut pas. (*la foule approche.*)
Il n'est plus temps, mon oncle, les voici.

SCENE III.

MASSOUR , SAADI, ALI-BABA , deux Voleurs, Curieux
des deux sexes.

(*Massour, et deux des siens, déguisés en Égyptiens,
entrent dans la cour ; ils sont suivis d'un grand nombre
de curieux.*)

MASSOUR , *à part.*

Assurons - nous d'abord que c'est ici ; une fois cette
certitude acquise, je serai bientôt vengé.

(*Massour, chante les couplets suivans , accompagné par
le clavicorde, qui est touché par l'un des siens. Sur la
ritournelle et sur le refrain, les deux jeunes voleurs
dansent d'une manière grotesque.*)

Air : *sur le rivage* (Du Pavillon des Fleurs.)

En confiance
Adressez-vous à moi ;
A ma science
Accordez pleine foi.
Souvent à l'imposture
Mes pareils ont recours ;
C'est la bonne aventure
Que j'annonce toujours.

Veuve gentille
Me demande un ami ;
La jeune fille
Me demande un mari.
Oh ! ma réponse est sûre ;
Je la tiens des amours ;
C'est la bonne aventure
Que j'annonce toujours.

Vieille mégère
Met l'enfer au logis ;
L'époux espère
Un terme à ses soucis.

Tu es donc bien malheureux ? — Oh ! Mahomet le sait.
Depuis trente ans que je n'ai ni paix, ni trêve avec ce
démon, que l'ange des ténèbres a attaché à mon sort. —
J'ouvre mon grimoire ; je le consulte et dis du ton de l'inspiration : Honnête Musulman, rassure-toi ; l'avenir te pré-
pare encore d'heureux instans :

Sous trois mois la nature
Te promet son secours.

Tu m'entends ? — Oui, Seigneur ; j'en remercie le
Prophète, vous le voyez.

C'est la bonne aventure
Que j'annonce toujours.

ALI-BABA.

Oui, s'il faut vous en croire. Mais, soit dit sans t'offenser, tes pareils et toi, vous ne vous faites pas grand scrupule de mentir.

MASSOUR.

Bon homme, tu nous juges bien légèrement. Je veux confondre ton incrédulité. Dis-moi, que desires-tu ?

ALI-BABA.

Rien.

MASSOUR.

C'est impossible. L'homme le plus riche desire encore quelque chose.

ALI-BABA.

Parce que le plus riche n'est pas toujours le plus heureux.

SAADI.

Oh! par exemple! comme il raisonne, mon oncle!

MASSOUR.

D'accord ; mais ce qu'on appèle bonheur, s'attache généralement à l'aisance; et, si j'en juge d'après ce que je vois, il s'en faut que tu sois dans une position brillante.

ALI-BABA.

Je suis content de mon sort.

MASSOUR.

Si cette propriété t'appartient, il se peut, en effet, qué le revenu suffise à tes besoins... (*regardant la grange et le bâtiment de gauche*) Ce Khan paraît considérable.

ALI-BABA.

Il n'est point à moi; au contraire, cette petite maison en dépend.

MASSOUR, *à part.*

C'est bon à savoir.

ALI-BABA.

Le propriétaire me la loue moyennant deux cents fagots par année. Quoiqu'il en soit, je ne desire rien.

MASSOUR.

Dans ce cas, Mahomet doit récompenser ta modération ;

et je ne doute pas qu'il ne t'arrive, avant peu, quelque
événement inattendu, qui changera totalement ton existence. Laisse-moi regarder ta main, j'y découvrirai, j'en
suis sûr, la preuve de ce que je viens d'avancer.

ALI-BABA.

J'y consens : regarde. (*Massour feint de voir sur cette
main des signes extraordinaires.*)

MASSOUR, *avec un feint empressement et un ton inspiré.*
Bonhomme !.. ton nom ?

ALIBABA.

Ali-baba.

MASSOUR, *à part.*

C'est lui. (*Haut.*) Eh ! bien donc, Ali-baba, (*à voix basse*)
je te prédis...

ALI-BABA.

Oh ! tu peux parler haut, va ; je ne crains pas que ta prédiction soit connue.

MASSOUR.

Tu le veux ?

ALI-BABA.

Certainement.

MASSOUR.

Tu ne redoutes donc pas l'envie ?

ALI-BABA.

Elle ne s'attache qu'à la fortune.

MASSOUR.

Tu vas en avoir... oui... j'en jure par le Coran. Tu es
sur le point de posséder un trésor.

TOUS LES CURIEUX, *qui se sont avancés ou qui regardent
de loin.*

Un trésor !

MASSOUR.

Oui, un trésor que tu as découvert. (*Ali-baba fait un
mouvement involontaire.*) (*A part.*) Il se trouble !..(*Haut.*)
Ou que tu vas découvrir.

TOUS LES CURIEUX.

Quel bonheur !

ALI-BABA, *s'efforçant de reprendre un air calme.*

Allons ! tu te moques de moi.

MASSOUR.

Pour preuve du contraire, je promets de revenir avant la fête du Ramadan, et je consens à être lapidé comme un imposteur si, d'ici là, ma prédiction n'est point accomplie.

(*Signe d'admiration des assistans ; l'embarras d'Ali-baba augmente.*)

SAADI.

Lapidé ! il faut croire qu'il est bien sûr de son fait.

MASSOUR, *avec intention.*

Oui, j'en suis sûr.

ALI-BABA, *à part.*

Comme il me regarde!... on dirait qu'il veut pénétrer mon secret. (*Haut, s'efforçant d'être gai.*) Va, va, beau prophète ; tout simple qu'il est, Ali-baba te devine. Tu promets des trésors aux gens crédules afin que, par reconnaissance, ils te donnent réellement une petite portion de ces richesses que tu leur distribues si libéralement en paroles, n'est-ce pas ? mais tu ne réussiras pas ici. Avec la meilleure volonté, un pauvre bûcheron tel que moi, n'est pas en état de se montrer généreux.

MASSOUR.

Tout est relatif. Le moindre de tes dons nous suffira.

SAADI, *à part.*

Puisque je les ai fait venir, il est juste que je leur donne quelque chose. Je vais voir dans le petit coffre où Zutulbé met son argent, si je ne trouverai pas quelques pièces de menue monnaie.

(*Il entre dans la petite maison sans être remarqué d'Ali-baba*)

ALIBABA, *à part.*

Ces gens-là m'inquiètent, je voudrais les voir loin d'ici.

MASSOUR, *à une femme sortie de la grange, et assez bas pour qu'Ali-baba ne puisse l'entendre.*

Sais-tu si ce Khan renferme beaucoup de monde ?

UNE FEMME.

Fort peu. Les voyageurs sont rares en ce moment.

MASSOUR, *à part.*

Bon !

SAADI, *en descendant le perron, à part.*

Une vieille pièce noire et jaune ; c'est bon pour eux. (*Haut, à Massour.*) Tenez voilà pour vous.

MASSOUR, *à part.*

Un sequin ! altéré comme les nôtres ! tout annonce qu'il vient de notre trésor.

SAADI, *à Massour.*

Vous êtes content ?

MASSOUR.

Très-content.

SAADI.

Tant mieux. Mais vous ne m'avez rien dit à moi ; je serais bien aise de savoir aussi ma bonne aventure. (*Il relève ses manches et lui présente les deux bras.*) Choisissez.

MASSOUR.

Toi, tu partageras le sort de ton oncle.

SAADI.

Grand merci ; cela ne sera pas si malheureux.

ALI-BABA, *à part.*

Que veut-il dire ? (*Haut.*) En voilà assez ; au revoir, braves gens. Que Mahomet vous conduise chez des personnes mieux en état de vous récompenser !

MASSOUR, *à part.*

J'ai reçu plus que tu ne penses. (*Haut*) Je suis fort heureux d'être venu chez toi. (*A part.*) Tout est disposé ; demain, je ne te craindrai plus.

Il sort. La foule le suit ainsi que Saadi.

SCÈNE IV.

ALI-BABA.

Je ne sais pourquoi l'aspect de ce diseur de bonne aventure m'a intimidé. Sans doute, c'est l'effet naturel que doit produire cette figure sinistre ; ce teint livide. Non, il me semble qu'il y avait quelque chose de plus. Peut-être aussi cela vient-il de ma préocupation, de cette pensée qui ne me quitte pas... que diantre ! pourquoi est-il venu me parler de trésor ?... pourquoi ? parce que tous ses pareils font de même. L'or étant ce qui flatte le plus généralement les hommes, on croit être plus sûr de leur plaire en leur en promettant... oui, c'est cela. D'ailleurs comment cet Egyptien saurait-il...

SCÈNE V.

ZUTULBÉ, ALI-BABA.

ALI BABA.

Ah ! te voilà de retour, ma petite ? j'en suis bien aise ; tu arrives à propos pour me rassurer.

ZUTULBÉ.

Que s'est-il donc passé pendant mon absence ? j'ai vu sortir d'ici beaucoup de monde, et je suis accourue, non sans inquiétude.

ALI-BABA.

Un maudit Egyptien m'a troublé la cervelle avec ses prédictions. Ne s'est-il pas avisé de me dire que je trouverais un trésor ?

ZUTULBÉ.

Ils en promettent autant à tout le monde.

ALI-BABA.

Oui, n'est-ce pas? c'est ce que je pensais quand tu es entrée. Eh! bien, ma sœur...

ZUTULBÉ.

Votre sœur... a fait une imprudence.

ALI-BABA.

Tu m'effrayes!

ZUTULBÉ.

Je regrette beaucoup de n'avoir pas été chez elle une heure plutôt.

ALI-BABA.

Qu'a-t-elle donc fait?

ZUTULBÉ.

Ne pouvant supporter plus long-temps la vue du malheureux Cassim, elle vient de le faire ensevelir.

ALI-BABA.

Je ne vois pas grand mal à cela.

ZUTULBÉ.

Non, si elle-même avait rempli ce devoir religieux; mais elle en a chargé un autre.

ALI-BABA.

Et qui donc?

ZUTULBÉ.

Le tailleur chez lequel Saadi est en apprentissage.

ALI-BABA.

J'en suis fâché; cette confidence peut avoir les suites les plus funestes.

ZUTULBÉ.

Si vous y consentez, notre maître, j'irai la trouver de votre part pour lui faire sentir combien sa discrétion vous est nécessaire?

ALI-BABA.

Oui, va. On n'aura pas du moins à se reprocher d'avoir manqué de précautions.

ZUTULBÉ , *revenant.*

Morgiane m'a dit très-haut, quand je suis sortie, qu'elle viendrait souper avec vous. La pauvre femme! sans doute, ce n'est là qu'un prétexte pour vous entretenir de ses malheurs.

ALI-BABA.

N'importe, je veux la recevoir convenablement. Achète ce que tu croiras nécessaire.

ZUTUBBÉ.

Il faut que je prenne de l'argent. (*Elle va pour monter le perron.*) A propos, notre maître, je vais vous rendre le sequin que vous m'aviez donné ce matin pour payer mes provisions. D'après ce qui s'est passé aujourd'hui, il ne serait pas prudent de faire circuler ces pièces. L'humidité du souterrain les a noircies ; on pourrait les reconnaître, et concevoir des soupçons.

ALIBABA.

Ta réflexion est très-juste, mon enfant ; rends-moi ce sequin, j'ai là quelque paras qui te suffiront.

(*Elle entre dans la maison.*)

SCENE VI.

SAADI, ALIBABA.

SAADI *entre en riant.*

Ah! ah! ah! en promet-il! en promet-il ce damné Gyptien! toi, tu seras Visir; toi Grand Muphti; toi tu seras Bacha à quatre queues.. à celle-ci, tu deviendras sultane; à celle-là, tu seras favorite du calife; et à tous, de l'argent, de l'or, des joyaux comme s'il en pleuvait. Il n'en finit pas, quoi !.. et ils croyent tous cela comme si c'était un chapitre du Coran.. faut-il être bête, mon oncle, pour ajouter foi à toutes ces balivernes ! il me semble que si j'avais le pouvoir de donner tant de belles choses aux autres, je commencerais par en garder d'abord une jolie petite provision pour moi. Pas vrai, mon oncle?

ALI-BABA.

C'est du moins la réflexion que l'on devrait faire avant de se prêter à toutes les jongleries de ces charlatans.

SCÈNE VII.

SAADI, ALI-BABA, ZUTULBÉ.

ZUTULBÉ, *descendant.*

Dites donc, notre maître, est-ce que vous avez repris ce sequin?

ALI-BABA.

Non.

ZUTULBÉ.

Je ne le trouve plus.

ALI-BABA.

Où l'avais-tu donc mis?

ZUTULBÉ.

Dans le coffre où je serre l'argent que vous me donnez pour votre petit ménage.

SAADI.

Un coffre en bois de cèdre?

ZUTULBÉ.

Oui.

SAADI.

C'est là que j'ai trouvé une vieille pièce toute noire, que j'ai donnée au diseur de bonne aventure.

ALI-BABA.

Malheureux!

ZUTULBÉ, *bas à Ali-baba.*

Contenez-vous. (*Haut.*) C'est une étourderie... (*bas à*

Ali-baba) bien pardonnable ; il n'a jamais vu d'or. (*Haut.*)
Cours, Saadi , cours après cet Égyptien. Dis lui que tu t'es
trompé , que ton oncle furieux, menace de te chasser, si
tu ne lui rapportes cette vieille médaille de cuivre à laquelle
il tient beaucoup.

ALI-BABA.

Tu lui offriras en échange la pièce que voici.

SAADI.

C'est donc quelque chose de bien précieux, cette pièce
jaune et noire ? si ç'avait été de l'argent , à la bonne heure,
je ne lui aurais pas donné.

ZUTULBÉ.

Va vîte ... aussi vîte que tu pourras.

SAADI.

Soyez tranquille , je l'aurai bientôt rattrapé.

(*Il sort en courant.*)

SCENE VIII.

ZUTULBÉ, ALIBABA.

ALI-ABA.

Si par hasard cet homme avait quelques soupçons, les
voilà confirmés.

ZUTULBÉ.

D'où lui seraient-ils venus ?

ALI-BABA.

En tout cas, il devra lui sembler bien étrange de recevoir
un sequin chez un malheureux bûcheron qui gagne à peine
de quoi vivre.

ZUTULBÉ, *à part.*

Cela n'est que trop vrai. (*Haut.*) Allons, allons, notre

maître, calmez-vous. Quand on a l'esprit frappé d'une idée, elle vous poursuit et vous tourmente sans cesse, et souvent sans raison. (*A part.*) Moi-même, je ne suis pas tranquille; tout ceci commence à m'inquièter. (*Haut.*) Je cours faire les commissions dont vous venez de me charger, notre maître. Chemin faisant, il se peut que je rencontre l'Egyptien, et je ferai en sorte qu'il me rende cette pièce qui vous accuse.

ALI-BABA.

Va, mon enfant; je compte sur ton intelligence et ton activité.

ZUTULBÉ, *sur le seuil de la porte du fond, à Morgiane.*
Voici Morgiane. Entrez, Madame.

SCÈNE IX.

ALI-BABA, MORGIANE.

ALI-BABA.

Je vous attendais avec impatience, ma sœur.

MORGIANE.

Qu'est-ce, mon frère?

ALI-BABA.

En vous adressant à Moustapha, pour ensevelir le corps du pauvre Cassim, vous n'avez donc pas réfléchi aux conséquences de cette démarche? vous n'avez donc pas senti que vous mettiez notre secret à la merci de cet homme?

MORGIANE.

Je lui ai recommandé de la discrétion, et l'ai payé en conséquence; il m'a bien promis de le faire.

ALI-BABA.

De sang-froid, peut-être, il tiendra sa promesse ; mais il s'énivre tous les soirs, ou à peu près, et alors rien ne sera plus facile que de le faire parler. Je parierais bien, d'ailleurs, que vous ne lui avez pas laissé ignorer la moindre circonstance de notre malheur ?

MORGIANE.

Mettez-vous à ma place, mon frère. Hélas ! quand on est frappé d'un coup aussi cruel, croyez-vous qu'il soit possible de modérer son affliction, et de la renfermer dans les bornes prescrites par la prudence ? lorsque surtout on est poursuivi par le cri du remords, lorsque l'on entend la voix de la conscience nous reprocher d'avoir causé la perte d'un innocent, pour satisfaire un vil intérêt ?

ALI-BABA.

C'est un événement funeste, sans doute ; mais vous n'avez pu le prévoir. Maintenant il est indispensable que nous en dérobions la connaissance à ceux qui pourraient en rendre les suites plus funestes encore. Zutulbé a dû vous dire que nous voulions cacher la mort de Cassim, et votre vêtement l'annonce à tout ceux qui vous verront.

MORGIANE.

Il fait presque nuit, et je n'ai été vue de personne. Ah ! mon frère, je me condamnerai s'il le faut à une solitude absolue. Renfermée chez moi, j'y pleurerai mon infortune aussi longtemps que vous le jugerez nécessaire ; mais, au nom du ciel, n'exigez pas que je quitte ces vêtemens qui me rappèlent ma faute ; je veux les conserver toute ma vie.

ALI-BABA.

On vient ! chut.   *Ils vont s'asseoir sur le banc.*

SCENE X.

ALI-BABA, MORGIANE, MASSOUR, NOURMAHAL,
Esclaves de l'auberge.

On ouvre la porte de la grange, et l'on voit des esclaves occupés à ranger des tonneaux dans l'intérieur. Massour, déguisé en vieux marchand, avec un gros ventre et une longue barbe, méconnaissable enfin, dit à Nourmahal:

MASSOUR, *à demi-voix.*

Moustapha, rue des Kalenders... va.
Nourmahal sort et Massour revient donner des ordres tout en fumant sa pipe.

MASSOUR.

Rangés ainsi de chaque côté, il sera plus facile de les remettre demain sur le dos de mes mules. (*Il fait placer un tonneau de chaque côté de la porte charretière, de manière qu'il soit impossible de la fermer. (à part*) Par ce moyen la communication est sûre, et je suis sous le même toit. (*en se retournant, comme par hazard, il aperçoit Ali-baba. Toujours à part*) Le voilà ! Quelle est cette femme ? (*Il salue Ali-baba*) (*haut*) Bon soir, frère ; que le Prophête soit avec vous !

ALI-BABA, *lui rendant son salut.*

Que la paix vous accompagne, frère !
MASSOUR *s'appuie sur un des tonneaux, et fume en causant.*
Ces dispositions ne vous gênent point ?

ALI-BABA.

Du tout.

MASSOUR.

Je serais fâché...

ALI-BABA.

La cour est commune ; je n'ai que le droit de passage.

MASSOUR.

Au reste, je ne vous embarrasserai pas longtemps; demain avant le jour, je me remettrai en route.

ALI-BABA.

Vous êtes marchand, à ce qu'il me paraît?

MASSOUR, *à part.*

Pesons bien nos paroles. (*haut*) Pas précisément, je suis commissionnaire.

ALI-BABA.

J'entends; vous ne travaillez pas pour votre compte?

MASSOUR.

Non. On m'a chargé de conduire ces vingt tonneaux d'huile au marché, et de les vendre trente sequins chacun.

MORGIANE.

Trente sequins!

ALI-BABA.

Cela me semble bien cher.

MASSOUR.

Elle est, dit-on, d'une qualité toute particulière.

SCENE XI.

MASSOUR, SAADI, ALI-BABA, MORGIANE,

SAADI *arrive en courant.*

Oh! bien, oui, le r'attraper... il semble qu'il ait des aîles... J'ai couru jusqu'à la porte de la ville, et je dis que j'ai couru... cela se voit, j'espère, je suis tout en nage. Je n'ai pas vu plus de Gyptien que dessus ma main. J'ai demandé à tout chacun si on ne l'avait pas rencontré, on m'a dit qu'en sortant d'ici, il avait pris la petite rue à gauche, et puis qu'il avait disparu tout à coup. J'espère , mon oncle, que j'ai joliment fait votre commission. Bon soir, ma tante Morgiane. De qui donc que vous êtes en deuil? est-ce qu'il est mort quelqu'un dans notre famille?

ALI-BABA.

Tais-toi.

MASSOUR , *à part et avec joie.*

C'est la veuve! bon! la fortune me les livre tous. Laissons leur une entière liberté , ils n'en jouiront pas longtemps. (*haut*) Bon soir, frère, je vais me reposer.

ALI-BABA *le conduit jusqu'à la grange.*

Bonne nuit.   *Le jour baisse.*

wwwwwwwwwwwwwwwwwwwwwwwwwwwwwwwwwwwwwwwwwwww

SCENE XII.

ALI-BABA, ZUTULBE, MORGIANE, SAADI.

ALI-BABA.

Ce marchand me gênait , je suis bien aise qu'il se soit retiré.

ZUTULBÉ *entre vivement; elle tient un panier.*

Notre maître, je n'ai pas trouvé Moustapha; il venait de sortir , m'a-t-on dit , avec un étranger de très-mauvaise mine.

ALI-BABA.

Tu y retourneras demain matin , ce sera ton premier soin.

ZUTULBÉ.

Ou plutôt ce soir, en reconduisant Morgiane; car nous n'avons pas une minute à perdre.

ALI-BABA.

Non. La disparition subite de cet égyptien ne me promet rien de bon, elle ajoute encore à mon inquiétude.

ZUTULBÉ.

Hâtons-nous. Si vous voulez rentrer, j'ai là tout ce qu'il faut.

ALI—BABA.

Montez, ma sœur.

MORGIANE.

Volontiers.

Il fait nuit. Tous quatre entrent dans la maison.

SCENE XIII.

MASSOUR, *sortant de la grange, et les suivant deloin.*

Allez, téméraires ! vous recevrez bientôt le prix de votre audace. Tout est prêt, notre vengeance est sûre ; mais il faut qu'elle atteigne tous les coupables à la fois. J'ai chargé Nourmahal de se défaire du tailleur ; il doit se trouver à la porte de l'Orient deux heures après le coucher dn soleil avec le reste de nos compagnons, cachés sous divers déguisemens. Je vais les trouver pour les amener ici; il faut qu'ils veillent pendant l'exécution. En cas de surprise et de résistance, nous avons besoin de renfort. (*Il frappe avec le doigt le tonneau qui est le plus près de l'avant - scène ôte le bondon, se baisse, et dit d'une voix étouffée :*) Hirzagar ! écoute. Au premier signal, vous vous montrerez, j'ai prévenu tes dix-huit camarades. De la promptitude, et point de quartier. (*Il se relève*) Déjà deux fois ce moyen nous a réussi. En une seule nuit, nous avons fait disparaître un émir et ses trésors, sans que personne ait pu deviner comment ses gens et lui avaient péri. Sans doute, nous ne serons pas moins heureux ce soir, et...

      ALI-BABA, *dans la maison.*

Zutulbé, ouvre la persienne.

      Massour s'éloigne par la porte du fond.

52

SCENE XIV.

MORGIANE, ALI-BABA, SAADI, ZUTULBÉ,
dans la maison.

Zutulbé ouvre en effet la persienne, et l'on voit Alibaba, a sœur et son neveu, à table, dans une chambre mal meublée élevée à la hauteur du perron. Une lampe les éclaire.

ALI-BABA.

Du moins, nous pourrons respirer le frais.

SAADI.

C'est vrai qu'il fait une fière chaleur.

ALI-BABA.

Pour ranimer votre courage, ma sœur, je vais vous lire quelques versets du Coran. Zutulbé, donne-moi ce livre.

ZUTULBÉ.

Le voilà.

ALI-BABA.

Prêtez-moi tous la plus grande attention. (*Il ouvre le livre et se dispose à lire*) « Chapitre de l'épreuve, contenant dix huit versets écrits à la Mecque. » (*La lampe ne donne plus qu'une faible lueur*) Zutulbé, ranime cette lampe.

ZUTULBÉ.

Saadi, notre maitre t'avait chargé ce matin de rapporter de l'huile. Tu sais qu'il n'y en a pas à la maison.

SAADI.

Je l'ai oublié.

La lampe s'éteint.

ALI-BABA.

Pour te donner de la mémoire, va de suite en chercher.

SAADI.

Mais il fait nuit, mon oncle, et vous savez bien que je ne marche jamais qu'avec le soleil.

ZUTULBÉ.

J'y vais, notre maître.

ALI-BABA.

Qu'est-ce à dire? convient-il à un homme de se montrer plus timide qu'une femme?

SAADI.

Mais, mon oncle, si vous saviez les versets par cœur, vous pourriez les réciter! cela reviendrait au même.

ALIBABA.

Obéis à l'instant, et point de réplique.

SAADI *se lève, prend une bouteille, et descend en murmurant.*

Point de réplique c'est bien aisé à dire quand on est brave ou familiarisé avec les ténèbres. Mais moi! Tiens, j'y songe, au lieu de m'en aller courir par la ville, à l'heure qu'il est, au risque de me casser le cou et de trouver les boutiques fermées, ou de rencontrer des voleurs, est-ce que je ne pourrais pas emprunter une fiole d'huile à ce marchand, ou bien la prendre dans un de ses tonneaux, donc? Je la paierai demain avant son départ, cela va sans dire.... C'est une idée lumineuse; essayons.

Il se dirige à tatons vers la grange.

ALIBABA, *dans la chambre.*

Je vous demande pardon, ma sœur.

MORGIANE.

Cela n'en vaut pas la peine.

SAADI *près du tonneau où est Hirzagar.*

Justement, en voilà un; voyons s'il est plein. (*Il frappe avec le doigt sur le tonneau.*) Non, il sonne creux. On dirait qu'il n'y a rien dedans.

HIRZAGAR, *dans le tonneau.*

Est-ce qu'il est déjà temps, Capitaine?

SAADI, *saisi d'une frayeur horrible, tremble de tous ses membres, n'a pas la force de bouger, et balbutie ces mots:*

Di..vin..Ma..ho..met!.. qu'est..ce..que..que... j'ai..j'ai..en..tendu!

Quand il peut retrouver la faculté de se mouvoir, il regagne doucement l'escalier, remonte à quatre pattes, rentre dans la chambre, et raconte, à voix basse, mais en s'accompagnant de grands gestes, ce qui vient de se passer.

ALI-BABA.

Serait-il possible !

ZUTULBÉ.

Je veux m'en assurer.

SAADI.

N'y va pas, Zutulbé, ou tu es morte.

ZUTULBÉ *descend. A Saadi qui est resté sur le seuil.*
Lequel as-tu frappé ?

SAADI.

Celui-là... vois-tu... celui que je te montre ? le premier à gauche.

ZUTULBÉ.

Il ne faut pas frapper le même que Saadi. (*Elle frappe le tonneau qui est à droite de la grange*) En effet ; c'est singulier.

UNE VOIX , *dans le tonneau.*
Sois tranquille, je ne dors pas.

ZUTULBÉ.

Visitons-les tous.

Elle entre dans la grange , et est censée y faire la même épreuve. Ali-baba et Morgiane se lèvent, et descendent le perron avec précaution. Saadi reste en haut sur le seuil de la porte.

SAADI.

Qu'est-ce que vous faites ? vous courez à la mort !

ALI-BABA.

Te tairas-tu ?

ZUTULBÉ *revient aussi vite que l'obscurité le permet.*

ALI-BABA.

Eh, bien ?

ZUTULBÉ.

Il a dit vrai. Sur vingt tonneaux déposés dans cette grange, un seul renferme de l'huile; chacun des autres cache un homme.

MORGIANE.

Nous sommes perdus?

ALI-BABA.

Nul doute, ce sont les voleurs de la forêt; les propriétaires d trésor.

ZUTULBÉ.

Le prétendu marchand est leur chef, notre perte est jurée; c'est le seul moyen de conserver leur secret.

ALI-BABA.

Fuyons! A la faveur de la nuit nous pourrons peut-être leur échapper.

ZUTULBÉ.

Je ne le crois pas; leurs précautions doivent être bien prises; sans doute le quartier est cerné, nous périrons.... aucun de nous ne leur échappera.

ALIBABA.

Quel moyen?...

MORGIANE.

Enfoncer chaque tonneau l'un après l'autre, et exterminer ces misérables.

ZUTULBÉ.

Bon pour un ou deux que les autres ne tarderont pas à venger... Non... attendez... il me vient... Divin Prophète! permets que ce projet hardi s'accomplisse. Les voleurs, dit-on, craignent le grand jour. A moins qu'ils ne soient très-nombreux, ils n'oseront pas risquer une attaque à force ouverte. Il faut allumer partout et conserver de la lumière jusqu'à demain matin. Ce n'est pas tout, vous m'avez dit, notre maître, que le faux marchand voulait vendre chaque tonneau trente sequins?

MORGIANE.

Prix exorbitant , qu'il a supposé pour éloigner les ache-
teurs.

ZUTULBÉ.

Eh bien , nous les achetons.

ALI-BABA.

Nons ?...

MORGIANE.

Et comment ?

ZUTULBÉ

Il faut que ce soit leur propre argent qui serve à nous
sauver.

MORGIANE.

Excellente idée !

ZUTULBÉ.

Laissez-moi faire , je vais appeler tous les esclaves de l'au-
berge. (*Zutulbé court dans la grange*).

SAADI , *mourant de peur et toujours à la même place.*

Si cela dure encore, je tomberai mort sur la place. Je n'ai
pas une goutte de sang dans les veines.

ZUTULBÉ , *revient avec de la lumière.*

Allumez partout... voilà de l'huile, Saadi. (*Elle lui passe
un flacon d'huile. A une esclave.*) La cave qui est sous cette
grange est-elle vide ?

L'ESCLAVE.

Absolument.

ZUTULBÉ.

Eh bien , nous allons y descendre ces vingt tonneaux
d'huile que la sœur de notre maître vient d'acheter six cents
sequins. (*A Alibaba.*) Allez vite chercher cette somme , si
le marchand revient, vous la lui compterez, et il n'aura rien
à dire.   (*Ali-baba obéit.*)

ZUTULBÉ.

Vite, mes amis, vîte ! appelez tous vos camarades pour
avoir plutôt fini. (*Bas à Morgiane.*) Pris séparément et dans

cette position, il n'en est pas un qui ose se défendre ; nous allons les enfermer sous clef et demain nous les livrerons au Cadi.

MORGIANE, *embrassant Zutulbé.*

Chère enfant! fasse le Prophète que cette ruse ait le succès que nous en attendons !

ZUTULBÉ, *va, vient, appelle et occasionne ainsi un grand mouvement. On circule avec des flambeaux, il fait clair comme en plein jour.*

Oui, notre maître. Saadi! Abdoul! Xailoun! Osmin! Nadir ! allons, de l'activité !... Çogia ! Hassan ! prêtez-nous la main. (*On roule les tonneaux et on les voit descendre dans la cave.*)

SAADI, *toujours à la même place.*

Ah! une bonne idée !... mettez les tonneaux sens-dessus dessous. Les coquins auront la tête en bas; ils ne pourront pas sortir.

ZUTULBÉ.

Il a raison. Hâtez-vous mes amis. Puis vous fermerez la cave. (*Avec beaucoup d'énergie.*) Rassurez-vous notre maître, nous les tenons.

~~~~~~

SCENE XV.

Les Mêmes, MASSOUR.

MASSOUR, *paraît au fond et grimpe sur la haie du jardin.*
Nous sommes découverts !... mais je reste pour les sauver. Malheur et trépas sur cette exécrable famille !

(*Il descend et s'éloigne. Ali-baba et Morgiane embrassent Zutulbé*).

FIN DU DEUXIÈME ACTE.

ACTE III.

*Le théâtre représente un salon très-élégant et brillamment
éclairé. Il donne sur des jardins que l'on découvre à tra-
vers les stores et les persiennes qui garnissent les nom-
breuses croisées.*

SCENE PREMIERE.

MASSOUR, VOLEURS *sous le costume d'esclaves.*

MASSOUR, *au milieu de ses camarades ; il est assis sur une
pille de carreaux et compte son monde.*

Cinq hommes en patrouille, Nourmahal absent quatorze
ici sous le costume d'esclaves et dix-neuf chez Ali-Baba.
Oui, mes amis, j'ai vu dix-neuf de nos camarades enfermés l'un après l'autre, sans pouvoir les défendre et sans
qu'il me soit permis de leur donner du secours. Dans quelques heures on doit les livrer au Cadi. Une fois aux mains
de la justice, qui nous répondra de leur discrétion ? L'appareil des tortures, l'appât des récompenses, l'espoir de conserver la vie, peuvent ébranler leur courage, alors, tout se-

rait perdu. Lorsque cent fois nous avons mis en défaut l'activité des soldats, la vigilance des magistrats; c'est une femme, une misérable esclave qui se joue ainsi de nos projets ! oh ! j'en frémis de rage! mais c'est en vain qu'elle s'en flatte; vous ne le souffrirez pas.

LES VOLEURS.

Non, vengeance!

MASSOUR.

Contenez-vous ; je veille pour tous. La mort viendra lui arracher la victoire au moment où elle s'en croira certaine. Délivrer nos braves compagnons, et rayer du nombre des vivans les téméraires qui possèdent notre secret; voilà les importans travaux que cette nuit couvrira de son ombre protectrice.

TOUS LES VOLEURS.

Ordonne, Capitaine.

MASSOUR.

La prudence et la ruse doivent être aujourd'hui nos seules armes. Apprenez ce que j'ai fait et ce qui nous reste à faire. J'aurais pu tenter à main armée la délivrance de nos braves; mais c'était causer dans Bagdad un scandale épouvantable, inutile peut-être, compromettre votre existence et nos richesses. J'ai trouvé préférable d'obtenir le même résultat sans péril et sans bruit. Ce magnifique caravansérail appartient au vieil Ibrahim. Je lui ai proposé de me le louer pour douze heures moyennant une somme très-forte. Il est avare, il y a consenti; mais j'y ai mis la condition expresse que je serais seul maître ici, qu'il emmenerait tous ses esclaves et me laisserait la liberté de me faire servir par les miens. Nous sommes donc maîtres absolus en ces lieux. D'ici au lever du soleil, nous y pouvons exercer sûrement la plus terrible vengeance. Les chants joyeux étoufferont les cris de nos victimes. Demain, au point du jour, nous aurons disparu, et si le bruit de cette sanglante exécution se répand dans Bagdad, c'est Ibrahim seul qu'on en accusera.

TOUS LES VOLEURS.

Bien, Capitaine. (*On frappe.*)

MASSOUR.

Ce doit être Nourmahal. En tous cas, n'ouvre qu'à lui.
(*Un voleur sort et revient bientôt avec Nourmahal.*)

SCENE II.

MASSOUR, NOURMAHAL, Voleurs.

MASSOUR.

Eh bien ?

NOURMAHAL.

Tout succède au gré de tes desirs, Capitaine. La fortune nous sert mieux que nous n'osions l'espérer.

MASSOUR.

Ils ont accepté ton invitation pour le banquet de cette nuit ?

NOURMAHAL.

Non. Le tailleur a refusé net, et d'une maniére assez brusque. Dès lors, je n'avais aucun prétexte admissible pour me présenter chez Ali-baba. Je croyais donc avoir échoué, et tout confus de ce désapointement, je venais te trouver en rêvant aux moyens de ressaisir une chance favorable, lorsqu'à cent pas environ, de la maison du Cadi, je rencontre une patrouille de nos gens déguisés en soldats.

MASSOUR.

Ceux que j'avais chargés de veiller à ce que personne ne parvint jusqu'à lui ?

NOURMAHAL.

Précisément. J'approche, et me fais reconnaître ; mais juge de ma surprise et de ma joie en voyant au milieu d'eux Alibaba et son neveu qui insistaient pour être conduits en présence des magistrats.

MASSOUR.

Je l'avais bien prévu.

NOURMAHAL.

Vous demandez le Cadi, leur dis-je ? — Oui, seigneur, et pour affaire très-urgente. — Pourrait-on savoir ?... — Non ; c'est à lui-même, à lui seul que nous voulons parler. — Le connaissez-vous ? — De réputation, seulement ; il passe pour un homme juste, un fidèle Musulman, cela nous suffit. — Bonnes gens, le cadi n'est pas chez lui ; il passera toute la nuit déhors. Confiez-moi votre affaire, et si elle en vaut la peine, secret pour secret, je vous conduirai vers lui, car j'ai l'honneur d'être attaché à sa personne, et je suis le seul de la maison à qui sa marche soit connue. Il est fort heureux pour vous que je me sois trouvé là. Encouragés par cette assurance, et ne pouvant soupçonner d'ailleurs un piège aussi adroit, ils m'avouent ingénuement qu'ils viennent livrer à la justice dix-neuf voleurs qu'ils ont surpris cachés dans des tonneaux, et qu'ils tiennent enfermés dans leur cave. Comme tu dois le penser, Capitaine, je me hâte de les diriger vers ce caravansérail où je les amène en triomphe.

MASSOUR.

Très-bien, Nourmahal ! je te remercie au nom de tous mes camarades.

NOURMAHAL.

Ils sont à la porte ; notre patrouille les garde. J'ai pris les devants sous prétexte de prévenir le Cadi, et de solliciter la faveur d'une audience ; mais en effet pour te communiquer le plan hardi que cette rencontre m'a fait concevoir.

MASSOUR.

Je l'ai déjà deviné.

NOURMAHAL.

C'est toi qui recevras leur déposition.

MASSOUR.

Bien entendu.

NOURMAHAL.

Parmi les déguisemens que nous avons toujours à notre
disposition, adopte vîte celui qui est nécessaire pour les
abuser; ils te prendront facilement pour le Cadi, puisqu'il
leur est inconnu.

MASSOUR.

Ceci change mes idées.... si notre vengeance pouvait
s'exercer sans laisser de traces, elle serait plus complette;
nulle crainte alors n'en viendrait troubler la douceur. Comme
par une grâce spéciale, après les avoir entendus, je les
admettrés à l'honneur de ma table. Enhardis par ton exemple, ils ne pourront résister à l'attrait de cette liqueur divine défendue par Mahomet. Une fois plongés dans le
sommeil de l'ivresse, nous les transporterons au souterrain
de la forêt, pour leur faire partager le sort de leurs auda-
cieux parens.

NOURMAHAL.

Voilà une pensée digne de ta haute sagesse, Capitaine.

MASSOUR.

Je t'ai demandé des chanteuses, des Bayadères?

NOURMAHAL.

Tu les auras. Fête complette!

MASSOUR.

Et l'ange de la mort planant sur les convives! je m'éloigne pour un moment; je laisse à ton imagination le soin de
donner un motif plausible à la présence du Cadi dans ce caravansérail.

NOURMAHAL.

Simples et sans défiance, ils croiront tout ce que je leur dirai. (*Massour sort par la gauche suivi de tous les voleurs.*) (*Très - haut à la cantonnade.*) Entrez.

~~~~~~

SCENE III.

NOURMAHAL, ALIBABA, SAADI', Voleurs en Soldats.

NOURMAHAL.

Que le Prophète soit avec vous, mes frères.

ALIBABA,

Qu'il dirige et protège toutes vos entreprises, Seigneur ! qu'il vous récompense surtout du signalé service que vous daignez nous rendre.

SAADI.

Que Dieu vous bénisse !

NOURMAHAL.

Reposez-vous. Le cadi ne tardera point à paraître ; il consent à recevoir votre déposition.

SAADI.

Mais dites donc, mon oncle, comment se fait-il que le cadi se trouve au milieu de la nuit dans ce caravansérail ?

ALIBABA.

Tais-toi ! convient-il à de misérables artisans tels que nous, de vouloir critiquer la conduite des magistrats ?

SAADI.

Vous avez beau dire, mon oncle, il me semble que ce

n'est pas ici sa place... enfin, sans ce brave seigneur qui s'est trouvé là tout à point, nous n'aurions pu faire notre déclaration que demain, et qui sait d'ici là ce qui serait arrivé ?..

NOURMAHAL, *à part.*

L'observation est juste; je dois y répondre pour éloigner tout soupçon de leur esprit. (*Haut, et menant Ali-baba à l'écart.*) Vous paraissez honnête; je puis compter sur votre discrétion?

ALI BABA.

Certainement.

NOURMAHAL, *d'un ton mystérieux.*

Sachez donc que le seigneur cadi a été conduit ici par le même motif qui vous y amène.

ALI-BABA.

Bah!

NOURMAHAL.

On l'a prévenu, il y a deux heures à peu près, que Massour, le chef des voleurs de la forêt, devait inviter cette nuit à un banquet, qui aura lieu dans ce caravansérail, trois artisans de cette ville, dont il veut se défaire.

ALI-BABA.

Divin Prophète! En effet, un inconnu se disant fournisseur de la garde du Calife, est venu inviter le tailleur Moustapha.

SAADI, *qui écoute.*

Et nous aussi, mon oncle, nous devions en être... Il faut convenir, que nous l'avons échappé belle!

NOURMAHAL.

Il est plus que probable que ce bandit tombera dans le piège. En restant ici, vous serez à coup-sûr, témoins de son arrestation.

SAADI.

Ah! le coquin! je serai bien aise de le voir.

NOURMAHAL.

Le voici !

SAADI.

Qui ? le chef des voleurs ?

NOURMAHAL.

Eh, non , le seigneur Cadi. Prosternez-vous tous deux.

SCENE IV.

NOURMAHAL, MASSOUR, en Cadi; ALI-BABA, SAADI, quatre Voleurs qui font les fonctions d'Huissiers.

MASSOUR.

Relevez-vous , bonnes gens. Mon lieutenant m'a fait part du motif qui vous conduisait à ma demeure ; il m'a transmis tous les détails que vous lui avez communiqués ; mais vous devez comprendre qu'une simple déposition dénuée de preuves, ne suffit point pour provoquer de la part d'un magistrat , des mesures telles que l'exigerait la position dans laquelle vous vous trouvez, si elle était suffisamment constatée.

ALI-BABA.

Seigneur Cadi , je suis prêt à vous donner à cet égard , toutes les satisfactions que vous desirez.

MASSOUR.

Vous déclarez avoir enfermé dans une cave , dix-neuf voleurs cachés dans des tonneaux ?

ALI-BABA.

Oui , seigneur Cadi.

MASSOUR.

Cela paraît extraordinaire , mais possible néanmoins , puisque vous l'affirmez... d'ailleurs, le fait est facile à vérifier. Avez-vous la clef de cette cave ?

Alibaba. 5

66

ALI-BABA.

Oui, seigneur Cadi , je vais vous conduire.

MASSOUR.

Je ne puis m'éloigner en ce moment. Remettez-la moi ; un de mes lieutenans va requérir main forte , et s'emparera de ces misérables, qu'il ramènera ici-même, pour y être confrontés avec vous, et peut-être avec un autre personnage que j'attends.

SAADI.

Le chef des voleurs , mon oncle.

ALI-BABA.

Mon neveu pourrait au moins servir de guide.

MASSOUR.

C'est inutile.

SAADI.

J'aime mieux rester avec vous, mon oncle. Auprès du seigneur Cadi, il ne peut rien m'arriver de facheux , tandis que ces coquins-là... écoutez donc, s'ils peuvent se venger sur quelqu'un, ils n'y manqueront pas, et je ne me soucie pas dutout d'avoir la préférence.

MASSOUR.

Ce garçon est prudent.

SAADI.

Oh ! très-prudent , seigneur Cadi, comme vous dites fort bien. D'ailleurs, il n'est pas nécessaire que je me dérange , tout le monde connaît la maison d'Ali-baba, fagotier, rue du Vieux Sérail.

MASSOUR.

Donne-moi cette clef, brave homme.

ALI-BABA.

La voilà , seigneur.

MASSOUR , *bas à un voleur qu'il appelle , et qu'il mène à l'écart*

Cours délivrer nos camarades, et qu'ils se rendent à la forêt; nous ne tarderons point à les y rejoindre. Quant au tailleur. (*Il lui parlebas avec feu.*) Ne le manque pas.

SAADI.

Voyez-vous, mon oncle; comme il s'anime, le seigneur
Cadi ! ils seront tous pendus ; c'est sûr.

MASSOUR.

Heim ! que dis-tu ?

SAADI.

Je dis, Seigneur, que pas un n'échappera.

MASSOUR.

Je l'espère du moins. (*Au voleur.*) Va, et reviens vîte.
(*Le voleur sort.*) Voilà la première opération faite. (*A part,
à Nourmahal.*) Il faut nous assurer des deux femmes ; mais
comment ? (*Il rêve.*) J'y suis. (*Haut.*) Maintenant, brave
homme, dis-moi ; y a-t-il eu des témoins du fait que tu dé-
nonces ?

ALI-BABA.

Oui, Seigneur.

MASSOUR.

Je veux les entendre. Désigne-les.

ALI-BABA.

D'abord, Morgiane, ma sœur, veuve du malheureux
Cassim que ces brigands ont assassiné.

MASSOUR.

Assassiné, dis-tu ? l'affaire se complique ; l'accusation
s'aggrave. Où demeure cette Morgiane ?

SAADI.

Rue de la Mecque, passage du Caire.

MASSOUR.

Il faut qu'elle paraisse sur le champ devant moi.

ALI-BABA.

Je vais vous l'amener, seigneur Cadi.

MASSOUR.

La loi ne permet pas que tu communiques avec les témoins. On va les chercher de ma part; mais pour que Morgiane
ne conçoive aucun effroi de ce message, je t'autorise à re-

mettre à celui de mes officiers que j'en charge, un signe quelconque qui atteste à ta sœur que tu es ici avec moi.

ALI-BABA.

Tenez, seigneur Cadi, voilà l'anneau de ma mére. Morgiane le reconnaîtra. (*Il donne l'anneau à Massour.*)

MASSOUR *le remet à l'un des sergens.*

Fort bien. N'y avait-il pas d'autres témoins ?

ALI-BABA.

Pardon, seigneur Cadi, il y avait encore Zutulbé, mon esclave.

SAADI.

Oui. A telles enseignes que c'est elle qui a imaginé de faire descendre les tonneaux à la cave.

MASSOUR.

C'est une idée originale et fort heureuse. Je lui destine une récompense toute particulière. (*Au voleur.*) Tu as entendu ! Morgiane et Zutulbé, la sœur et l'esclave d'Alibaba; amène-les devant moi sans perdre un moment. (*A part.*) Les voilà tous en mon pouvoir ! (*Le voleur s'incline et sort. Nourmahal qui est allé au fond, paraît écouter un message de la part d'un esclave.*)

NOURMAHAL, *à Massour.*

Seigneur Cadi, le vieil Ibrahim, propriétaire de ce caravansérail, retenu par une indisposition grave, vous supplie de ne pas dédaigner la petite fête qu'il a improvisée en réjouissance de l'honneur que vous lui faites aujourd'hui.

MASSOUR, *à l'esclave.*

Dis à ton maître que j'accepte, que je le remercie, et que je regrette fort qu'il ne soit pas en état d'assister à ce joyeux banquet. (*L'esclave va au fond et en appelle d'autres qui apportent une table richement servie.*) Bonnes gens, vous ne refuserez pas de prendre quelques rafraîchissemens ?

SAADI.

Très-volontiers, seigneur Cadi.

ALI-BABA, *bas.*

Tu es bien hardi !..

SAADI.

Mais, mon oncle, puisqu'il nous fait l'honneur de nous le proposer, il serait malhonnête de ne pas accepter. On ne refuse pas comme cela un Cadi. (*A part.*) D'autant plus que tout cela vous a une jolie mine.

~~~~~~

SCENE V.

NOURMAHAL, MASSOUR, ALI-BABA, SAADI,

Voleurs en Esclaves, ZUTULBÉ, Bayadères.

(On introduit une troupe d'esclaves dont les unes portent des instrumens et les autres sont vêtues en danseuses. Parmi les Bayadères on distingue Zutulbé dans le costume le plus élégant.)

ZUTULBÉ, *à part.*

J'ai conçu des soupçons que je viens éclaircir.

NOURMAHAL, *à Massour.*

Ibrahim fait bien les choses; il vous envoie des Bayadères pour égayer le repas.

MASSOUR.

Tu peux les congédier, il ne convient point à la sévérité d'un magistrat...

SAADI.

Ah! seigneur Cadi!

ZUTULBÉ.

Les voilà !.. heureuse inspiration !

SAADI.

Ce serait dommage; elles sont si gentilles.

MASSOUR.

Cela t'amuserait donc beaucoup?

SAADI.

Oh ! beaucoup, tout plein, seigneur Cadi.

ALI-BABA.

Y penses-tu, Saadi?

SAADI, *bas.*

Il n'y a que les honteux qui perdent ; vous le voyez bien, mon oncle.

MASSOUR, *à Ali-baba.*

Approchez, et mettez-vous à table.

ALIBABA.

Jamais, seigneur Cadi. Nous savons trop ce que le respect...

SAADI.

Nous accepterons très-volontiers tout ce qu'il vous plaira de nous offrir... mais nous serons aussi bien là... dans un coin.

MASSOUR.

Comme vous voudrez.

(*Massour se place, et Nourmahal à sa gauche ; vis-à-vis, sur un petit divan, Ali-baba et Saadi s'asseoient et reçoivent tout ce que leur offre Nourmahal.*)

(*Des danses légères et voluptueuses se succèdent pendant le repas. Zutulbé danse en s'accompagnant de son instrument ; Nourmahal la remarque, et paraît la trouver fort à son gré.*(

ZUTULBÉ, *qui a trouvé moyen de s'approcher de son maître en jouant du luth, saisit le moment où Massour et Nourmahal regardent un pas dansé par plusieurs Bayadères, bas à Ali-baba.*

Vous êtes tombé dans un piège.

SAADI, *reconnaissant Zutulbé.*

Tiens, mon oncle, c'est...

ALI-BABA.

C'est très-joli... certainement (*Bas.*) Silence.
(*Massour et Nourmahal se retournent et feignent de s'amuser de la surprise de Saadi.*)

ZUTULBÉ, *de même.*

Le prétendu Cadi est un imposteur.

ALI-BABA.

Divin Prophète !

ZUTULBÉ.

Vous êtes au milieu de vos ennemis... Moustapha vient d'être assassiné.

ALI-BABA.

Assassiné !

SAADI.

O mon Dieu !

ZUTULBÉ.

Du calme, du sang-froid ! n'ayez pas l'air de me connaître, et suivez tous mes mouvemens. (*Elle s'éloigne.*)

MASSOUR, *bas à Nourmahal.*

Il faut les enivrer.

ZUTULBÉ, *qui a entendu en passant près d'eux.*

Comment les soustraire à ce nouveau péril ?

NOURMAHAL.

Seigneur Cadi, il me semble qu'un repas est incomplet si l'on n'y savoure point ce nectar délicieux dont le Coran nous défend l'usage ?

MASSOUR, *avec une feinte sévérité.*

Y penses-tu ?

NOURMAHAL.

A dieu ne plaise, Seigneur, que j'ose vous proposer une infraction à la loi de notre saint Prophète ; vous en êtes, je le sais, trop fidèle observateur. Ibrahim a mis à ma disposition ce panier de vin de Schiras ; ces bonnes gens et moi, nous trouverons un grand plaisir à le vider. Daignez seulement ne pas vous en apercevoir.

MASSOUR , *souriant.*

Ces délits ne sont pas de ma compétence ; c'est au Muphti à les punir. Quoiqu'il en soit, je t'invite à congédier les témoins trop nombreux.

ZUTULBÉ, *à part.*

Bon !

NOURMAHAL, *bas à Massour.*

Tout va bien. (*Il se lève et donne plusieurs bourses aux danseuses et aux autres esclaves qui ont concouru au divertissement.*) Mes amis, recevez ces témoignages de la satisfaction du Cadi.

(*Tout le ballet s'incline et sort.*)

ZUTULBÉ , *bas et vivement à son maître.*

Je vais courir chez le véritable Cadi , et l'amener ici pour vous délivrer.

SCENE VI.

MASSOUR ,NOURMAHAL , ZUTULBÉ , ALI-BABA, SAADI.

NOURMAHAL , *arrêtant Zutulbé.*

Demeure, toi , tu me plais.

ZUTULBÉ , *à part.*

O ciel ! (*Haut.*) Moi... seigneur ?

NOURMAHAL.

Oui, toi. Es-tu libre ?.. je te garde.Si tu es esclave ?..je t'achète.

ALI-BABA , *à part.*

Fatal contre-temps !

NOURMAHAL , *souriant*

Sois tranquille , tu seras en bonne compagnie.

ZUTULBÉ , *à part.*

Il me fait frémir ! (*Haut.*) Je suis fort sensible à l'intérêt que vous me témoignez , et je m'efforcerai d'y répondre. (*Bas à Ali-Baba.*) Que va penser Morgiane? Puisse-t-elle agir en mon absence!

NOURMAHAL.

Eh ! bien , charmante Bayadére , pour dissiper nos scrupules , en supposant que l'un de nous en ait conservé, chante-nous quelques vers à la louange de cette liqueur divine.

ZUTULBÉ.

Seigneur, je ne sais..A

NOURMAHAL.

Cherche, tu trouveras.

ZUTULBÉ.

J'obéis. (*A part.*) Il faut bien captiver leur confiance.

MASSOUR, *bas à Nourmahal.*

Ces femmes devraient être ici. (*Il paraît inquiet, regarde par les croisées, va et vient dans le fond , et prend fort peu de part à ce qui suit.*)

ZUTULBÉ, *chante en s'accompagnant sur la harpe.*

Iᵉʳ *Couplet.*

(Musique de Dalayrac.)

> On dit que le bon vin t'offense,
> Qu'aux vieux croyans tu l'interdis ;
> Des autres biens, la jouissance
> Ne fut permise qu'à ce prix.
> Révoque un arrêt si funeste ,
> O toi, Législateur divin !
> Plus indulgent, permets le vin ,
> Et ne leur défends pas le reste.

(*On répète le refrein en quatuor. Nourmahal verse à boire.*)

IIe. *Couplet.*

Ta loi prescrit aux vrais fidèles,
Leçons d'amour, de volupté.
L'encens que l'on prodigue aux belles ,
Par ce nectar est augmenté ;
Dès-lors on doit en faire usage ,
Sur terre et dans ton paradis
Le moyen de plaire aux houris ,
C'est de leur rendre un double hommage.
(*Refrein comme au premier couplet.*)

NOURMAHAL.

Jolie Bayadère , mets tes leçons en pratique. Versé par
toi , ce vin nous semblera meilleur.

ZUTULBÉ.

Volontiers. (*A part.*) Puissent-ils me comprendre !

Chacun à son tour , puis tous à la fois , présentent leur
verre à Zutulbé qui tient deux flacons à la main ; ce-
lui de droite est toujours plein , l'autre vide. Ainsi elle
remplit à plein bord le verre de Nourmahal, tandis
qu'elle ne met rien dans ceux de ses maîtres ; elle fait
signe à Alibaba et à Saadi de faire semblant de boire
autant que Nourmahal. Saadi, que cela contrarie, est
prêt à se plaindre en voyant son verre vide, mais son
oncle l'arrête et lui impose silence.

NOURMAHAL.

Excellent !

ALI-BABA.

Parfait.

SAADI , *à part.*

Oui , pas mal !

NOURMAHAL , *qui commence à être échauffé.*

Moi, je parierais que le Prophète n'avait jamais bu de
vin, sans cela , il ne lui serait certainement pas venu dans
l'esprit de nous défendre ce qu'il y a de meilleur sur la terre.
Je n'en fais pas le fin , moi, je donnerais toutes les houris
de ce monde-ci et de l'autre pour deux flacons de Schiras.
je crois même que j'offrirais du retour.

SAADI.

Deux flacons! par jour ?

NOURMAHAL.

Bien entendu. Ah! que c'est bon ! verse, mon enfant, et
tout plein, je t'en prie; ne me ménage pas. Allons, Ali-
baba, courage!... imitez-moi... imitez votre joyeux com-
pagnon.

SAADI.

Mon oncle ! ah ! bien, oui, c'est une poule mouillée.

NOURMAHAL, à *Zutulbé.*

Allons, verse donc; tu nous oublies.

ZUTULBÉ.

Pas du tout. (*Bas à Ali-baba.*) Feignez de vous assoupir.

*Nourmahal à bu coup sur coup ; mais en observant le
progrès de l'ivresse dans Ali-baba et son neveu. Il feint
d'être un peu appesanti, et prend le flacon des mains
de Zutulbé pour achever ses convives. En effet, par
les conseils de Zutulbé, Ali-baba et Saadi tombent
endormis. Massour qui observe dans le fond, et qui
attendait ce moment avec impatience, s'avance et prend
brusquement Zutulbé par la main.*

MASSOUR.

S'il t'arrive de révéler jamais à qui que ce soit ce que tu
vas voir ; tu sauras bientôt comme nous punissons les indis-
crets et les curieux.

NOURMAHAL.

Sois tranquille, Capitaine. Elle ne me quittera plus, et
je la punirai moi-même.

ZUTULBÉ, à *Nourmahal.*

Dispose de moi ; je suis à toi, maintenant.

MASSOUR, *bas à Nourmahal.*

Les voilà dans l'état où je le desirais. Fais approcher un
palanquin, et qu'ils soient transportés de suite à la forêt.
Emmène cette esclave; il serait imprudent de la rendro
témoin de ce que nous allons faire.

NOURMAHAL, *à Zutulbé*.

Suis-moi.

ZUTULBÉ.

Où me conduis-tu ?

NOURMAHAL.

Que t'importe?Qu'às tu donc? Obéis.

ZUTULBÉ.

Je ne me sens pas bien. Si tu voulais me permettre de prendre le frais sur la terrasse !

NOURMAHAL.

Sur la terrasse ?

MASSOUR.

Soit.

ZUTULBÉ, *à part.*

O Mahomet! qu'allons - nous devenir ? (*Nourmahal ouvre une portière à gauche et la fait passer sur la terrasse.*)

SCENE VII.

MASSOUR, NOURMAAL, ALI-BABA, et SAADI, *endormis ou feignant de l'être.*

MASSOUR.

Je n'ai plus qu'une seule crainte, c'est que nous soyons rencontrés par les soldats qui veillent à la sûreté de la ville... Comment les éviter ?... En les attirant dans une direction opposée. Fort bien; mais le moyen ?... Tout simple... Un avis secret adressé au Cadi, qui lui apprenne que les quarante voleurs de la forêt doivent tenter cette nuit de s'introduire dans Bagdad par la porte du Tigre. Il s'y portera avec tout son monde, et nous fuirons de l'autre côté sans éprouver la moindre résistance. (*Il tire un petit rouleau de parchemin d'une écritoire placée sur un meuble. Des voleurs entrent et apportent, dans le fond, un palanquin.*)

MASSOUR, *à ses gens.*

Enfermez ces misérables-là dedans, et si l'un deux fait un mouvement qui annonce son réveil, plongez-le aussitôt dans le sommeil de la mort.

LES VOLEURS.

Oui, Capitaine.

(*Massour continue d'écrire pendant que les voleurs , au nombre de huit, transportent Ali-baba et Saadi dans le palanquin , dont ils ferment les volets.*)

NOURMAHAL, *qui a présidé.*

C'est fait, Capitaine ; qu'ordonnes-tu ?

(*On lui apporte la clé sur la table.*)

MASSOUR.

Vous allez maintenant... Il faut envoyer auparavant ma lettre au Cadi. (*On frappe.*) Qui vient nous visiter à cette heure ? (*Il se lève et va à la croisée.*) Qui est là ?

MORGIANE, *en dehors.*

Un vieux derviche, bien las...

∿∿∿∿∿∿∿∿∿∿∿∿∿∿∿∿∿∿∿∿∿∿∿∿∿∿∿∿∿∿∿∿∿∿∿∿∿∿∿

SCENE VIII.

ZUTULBÉ, ALI-BABA ET SAADI dans le palanquin, NOURMAHAL , MASSOUR , Voleurs en esclaves.

ZUTULBE *se glissant sous la portière du premier plan à gauche ; pendant que tout le monde a le dos tourné.* (*à part.*)

C'est Morgiane !

MORGIANE, *en dehors.*

Mourant de faim et qui demande l'hospitalité.

MASSOUR.

Un vieux derviche ! nous ne pouvons l'admettre, il retarderait notre départ.

ZUTULBE, *à part.*

O Ciel! peut-être venait-elle nous sauver.

MASSOUR.

Mais j'y songe. Si le cadi interrogeait mon messager, et
que celui venant à se troubler, répondit mal à des questions
imprévues, le sévère magistrat pourrait en concevoir de
l'ombrage. Il est plus adroit, ce me semble, et plus sûr de
profiter du moyen que le hasard me présente. Ce derviche
n'inspirera pas la moindre défiance ; au contraire, son ca-
ractère ne fera qu'ajouter plus de poids à cet avis. Chargeons-
le du message. Je vais l'introduire. Ne vous montrez pas, je
vous rappellerai quand il sera parti. *En dehors.* Attendez-
moi, mon frère. *Les voleurs s'éloignent par la gauche, Massour sort par la droite pour aller ouvrir.*

SCÈNE IX.

ALIBABA SAADI dans le palanquin, ZUTULBÈ.

ZUTULBÉ.

*Elle court à la croisée de droite au premier plan et dit en
en dehors très-vivement :* Morgiane, l'homme qui va vous
parler est Massour, le Capitaine des voleurs. Mon maître
est ici dans le plus grand danger, courez prévenir le cadi.

*Elle prend sur la table la clé du palanquin et court
l'ouvrir.*)

Vîte, vîte, dans ce cabinet.

MASSOUR, *en dehors.*

Ecoute, Nourmahal?

*(Alibaba et Saadi se sauvent dans un cabinet, à gauche
au premier plan. Zutulbé les remplace par des carreaux
dont elle remplit le palanquin ; puis elle le referme.
Zutulbé s'enfuit par où elle est arrivée.*)

SCENE X.

NOURMAHAL, ZUTULBÊ, MASSOUR, Voleurs.

Nourmahal et les Voleurs accourent.

NOURMAHAL.

Eh bien? qu'as-tu fait du derviche?

MASSOUR.

Par réflezion je n'ai pas cru devoir le faire entrer ici. Cet appareil de fête aurait pu lui inspirer des soupçons peut-être. Je lui ai dit qu'il pouvait sauver Bagdad d'un grand désastre en portant bien vite une lettre au cadi de la part d'Ibrahim. Je lui ai remis un sequin pour récompense et lui ai fcit promettre de revenir ici m'apporter la réponse.

NOURMAHAL.

Et quand il reviendra?

MASSOUR.

Nous serons partis. Voici |dans quel ordre va s'opérer notre retraite vers la forêt. Quatre d'entre vous se chargeront du palanquin; ils seront suivis à quelque distance, et soutenus, au besoin, par Nourmahal et huit hommes. Je formerai l'arrière-garde avec le reste, en me dirigeant sur la rue du Vieux Sérail, afin de rejoindre ceux de nos compagnons qui sont enfermés chez Alibaba, et dont la délivrance doit s'opérer en ce moment.

ZUTULBÉ.

Et moi?

MASSOUR.

Tu suivras Nourmahal.

ZUTULBÉ.

Je suis très-peureuse, je vous en avertis. A la première alerte, à la première rencontre, je vous mettrai dans l'em-

barras. Vous feriez beaucoup mieux de me laisser ici sous
la garde d'un de ces messieurs, qui me conduirait vers
vous aussitôt que le danger serait passé, ce qui ne peut
être bien long.

MASSOUR.

A la bonne heure.

NOURMAHAL.

Si tu me le permettais, Capitaine, je resterais avec elle.

MASSOUR.

Je n'ai jamais permis que l'amour fît oublier le devoir.
J'ai désigné ton poste; nos camarades ont besoin de ton
courage et de ton expérience; plus tard, tu retrouveras
ton esclave. (*A l'un des voleurs.*) Ourkan, je te confie sa
garde. Dans une heure, au plus, vous viendrez nous
rejoindre tous deux.

LE VOLEUR.

Oui, Capitaine, je t'en réponds sur ma tête.

MASSOUR.

Que l'on se mette en marche.

(*On part dans l'ordre indiqué par le Capitaine. Le palanquin d'abord, puis Nourmahal, puis Massour. Zutulbé
les regarde aller par une croisée de droite. Le voleur
désigné pour veiller sur elle, se tient au fond.*)

SCÈNE XI.

OURKAN, ZUTULBÈ.

ZUTULBÉ.

(*Elle traverse, vient ouvrir la portière, et parle à son
maître.*) Nous n'avons plus qu'un ennemi à combattre.

Venez à mon premier appel·(*Elle se tourne vers le fond.*)
Ourkan , serais - tu bien fâché de goûter un peu de ce
nectar délicieux défendu par Mahomet ?

OURKAN.

Non.

ZUTULBÉ *prend un flacon.*

Il en reste à-peu-près un verre.

LE VOLEUR.

Ce serait dommage de le laisser.

ZUTULBÉ *le verse.*

Tiens, bois.

(*Le voleur approche et boit. Zutulbé profite du moment
où il a le bras levé pour lui enlever ses pistolets.*

ZUTULBÉ.

A moi !

OURCAN.

Camarades !

SCENE XII.

ALI-BABA , OURKAN , SAADI , ZUTULBÉ.

(*Ali-baba et Saadi se montrent, se jettent sur le voleur
et le menacent.*)

ALIBABA.

Tu vas nous suivre, et sans dire un seul mot.

OURKAN.

Pas de moyen de résister !

(*En tenant le voleur en arrêt, ils se disposent à sortir:
ils touchent au seuil de la porte. On entend du bruit
en dehors, un cliquetis d'armes. Zutulbé court à la
croisée.*)

Ali-baba.   6

ZUTULBÉ.

Ce sont les voleurs qui reviennent... Sans doute, ils sont repoussés par les troupes du Cadi. Nous sommes perdus! Là, là... vîte. *(Elle indique le cabinet, et on y traîne le voleur.)*

ALIBABA.

Au moindre cri, tu es mort.

SCÈNE XIII.

ALI-BABA, SAADI, ZUTULBÉ, MASSOUR, NOUR-MAHAL, Voleurs.

MASSOUR *entre avant que la portière soit fermée.*

Que vois-je?... Camarades, on nous a trompés. Punissons les traîtres!

(Les voleurs se précipitent sur Ali-baba, Saadi et Zutulbé On les terrasse. Les cimeterres et les poignards sont levés.)

SCENE XIV *et Dernière.*

Les Mêmes, puis MORGIANE, Soldats.

(Un cri général de : Bas les armes ! se fait entendre dehors. Des soldats paraissent à toutes les croisées, et couchent en joue les voleurs.)

MORGIANE, *jettant sa robe de derviche.*

Scélérat! reconnais Morgiane! en te livrant à la justice, j'ai vengé mon époux.

MASSOUR.

Nous aussi, nous laisserons des vengeurs. La moitié de ma troupe que tu crois renfermée, est libre maintenant.

ZUTULBÉ.

Libre ! détrompe - toi , Massour, elle est dans les fers;
Ne trouvant plus mon maître au logis, je tremblai qu'il
ne fût tombé dans un piége; mais, avant de venir ici,
j'avais livré tous tes camarades.

MASSOUR.

Et c'est une femme !

ZUTULBÉ.

Et une petite femme encore ! Apprends que ce qu'une
femme a résolu, ne manque jamais d'arriver, quels que
soient les obstacles qu'on lui oppose.

FIN.

www.ingramcontent.com/pod-product-compliance
Lightning Source LLC
LaVergne TN
LVHW050611090426
835512LV00008B/1444